Arbeitstexte für den Unterricht

Deutsche Kurzgeschichten
9.–10. Schuljahr

FÜR DIE SEKUNDARSTUFE I
HERAUSGEGEBEN VON
WINFRIED ULRICH

PHILIPP RECLAM JUN. STUTTGART

Universal-Bibliothek Nr. 9507
Alle Rechte vorbehalten. © 1973 Philipp Reclam jun., Stuttgart
Gesamtherstellung: Reclam, Ditzingen. Printed in Germany 1982
ISBN 3-15-009507-7

# Inhalt

# I. Vorbemerkung

Bei der Auswahl der hier vorgelegten Kurzgeschichten wurde versucht, ein ausgewogenes Verhältnis von längst bewährten, aber in verschiedenen Lesewerken verstreuten und deshalb für den Schüler schlecht zugänglichen Beispielen und bislang noch kaum im Unterricht erprobten herzustellen.

Die Anordnung der Texte konnte im Hinblick auf die verschiedenen Gruppierungsmöglichkeiten zu Sequenzen (s. S. 73 f. u. Vorwort zu *Deutsche Kurzgeschichten, 11.–13. Schuljahr*, UB Nr. 9508) durch den Lehrer beliebig sein. Es wurde eine alphabetische Reihenfolge nach Autorennamen gewählt.

# II. Texte

## *Ilse Aichinger: Die geöffnete Order*

Vom Kommando war lange keine Weisung gekommen, und es hatte den Anschein, als ob man überwintern würde. In den Schlägen ringsum fielen die letzten Beeren von den Sträuchern und verfaulten im Moos. Die ausgesetzten Posten klebten verloren in den Baumwipfeln und beobachteten das Fallen der Schatten. Der Feind lag jenseits des Flusses und griff nicht an. Statt dessen wurden die Schatten Abend für Abend länger, und die Nebel hoben sich von Morgen zu Morgen schwerer aus den Niederungen. Es gab unter den jüngeren Freiwilligen der Verteidigungsarmee einige, die Sonne und Mond satt hatten und sich dieser Art der Kriegführung nicht gewachsen fühlten. Sie waren entschlossen, wenn es nötig sein sollte, auch ohne Befehl anzugreifen, bevor Schnee fiel.

Derjenige von ihnen, der an einem der nächsten Tage von den Befehlshabern der Abteilung mit einer Meldung an das Kommando geschickt wurde, ahnte deshalb nichts Gutes. Er wußte, daß sie keinen Scherz verstanden, wenn es um Meuterei ging, so nachlässig sie auch sonst schienen. Einige Fragen, die ihm nach Abgabe der Meldung auf dem Kommando gestellt wurden, ließen ihn fast an ein Verhör denken und erhöhten seine Unsicherheit.

Um so mehr überraschte es ihn, als ihm nach längerer Wartezeit eine Order mit dem Befehl übergeben wurde, sie noch vor Einbruch der Nacht an die Abteilung zurückzubringen. Er wurde angewiesen, den kürzeren Weg zu fahren. Auf einer Karte bezeichnete man ihm die eingesehenen Stellen. Zu seinem Unwillen gab man ihm einen Begleiter mit. Durch das offene Fenster sah er den Beginn des Weges, den er zu nehmen hatte, vor sich. Der Weg lief quer über die Lichtung und verlor sich spielerisch zwischen den Haselsträuchern. Man schärfte dem Mann noch einmal Vorsicht ein. Gleich darauf fuhren sie los.

Es war kurz nach Mittag. Wolkenschatten zogen äsenden Tieren gleich über den Rasen und verschwanden gelassen im Dickicht. Der Weg war schlecht und stellenweise fast unbefahrbar. Niedrige Sträucher drängten dicht heran. Sobald der Fahrer eine größere Geschwindigkeit nahm, schlugen ihre Zweige den Männern in die Augen. Der Wald schien auf Holzsammler zu warten, und auch der Fluß, der da und dort über ausgerodete Stellen hinweg in der Tiefe sichtbar wurde, stellte sich unwissend. Auf den Kämmen glänzte geschlagenes Holz in der Mittagssonne. Nichts in der Natur nahm die Grenzhaftigkeit zur Kenntnis.

Sie hatten Eile, durch die Schläge zu kommen, die sich immer wieder zwischen den Stämmen auftaten und mit dem Blick in die Tiefe auch sie selbst den Blicken der Tiefe freigaben. Der Fahrer ließ den Wagen über Wurzeln springen und wandte sich von Zeit zu Zeit nach dem Mann mit der Order zurück, wie um sich einer Fracht zu versichern. Das erbitterte den anderen und machte ihn des Mißtrauens seiner Auftraggeber gewiß.

Was hatte seine Meldung enthalten? Wohl hieß es, daß am frühen Morgen einer der entfernteren Posten Bewegungen jenseits des Flusses beobachtet hatte, doch solche Gerüchte gab es immer wieder, und es war möglich, daß sie vom Stab zur Beruhigung der Leute erfunden wurden. Ebenso konnte es sein, daß die Aussendung der Meldung ein Manöver gewesen war und das Vertrauen, das man ihm erwies, fingiert. Sollte er aber Unerwartetes gemeldet haben, so mußte es aus dem Inhalt der Order hervorgehen. Er sagte sich, daß es besser sei, den Inhalt zu wissen, solange man auf eingesehenen Straßen fuhr. Eine Erklärung dieser Art würde er auch geben, wenn man ihn zur Verantwortung zog. Er tastete nach dem Kuvert und berührte das Siegel. Seine Sucht, die Order zu öffnen, wuchs wie Fieber mit dem sinkenden Licht.

Um eine Frist zu gewinnen, bat er den anderen, ihm seinen Platz zu überlassen. Während er fuhr, überkam den Mann Beruhigung. Sie hatten jetzt schon stundenlang die Wälder nicht mehr verlassen. Der Weg war stellenweise von Geröll überschüttet, das von künstlichen Sperren herrührte und auf die Nähe des Zieles schließen ließ. Diese Nähe flößte dem Mann Gleichmut ein, vielleicht würde sie ihn hindern, das Siegel zu öffnen. Er fuhr ruhig und sicher, aber während sie da, wo der Weg wie in einer plötzlichen Sinnesverwirrung selbstmörderisch hinabstürzte, ohne Schaden wegkamen, blieb der Wagen unmittelbar darauf an einer sumpfigen Stelle stecken. Der Motor hatte ausgesetzt, Schreie von Vögeln ließen die darauffolgende Stille noch größer erscheinen. Farnkräuter wucherten im Umkreis. Sie hoben den Wagen heraus. Der Junge erbot sich, einen Defekt, der ihrer Weiterfahrt noch im Weg war, zu beheben. Während er unter dem Wagen lag, erbrach der Mann ohne jede weitere Überlegung die Order. Er mühte sich kaum, das Siegel zu wahren. Er stand über den Wagen gebeugt und las. Die Order lautete auf seine Erschießung.

Es gelang ihm, sie in die Brusttasche zurückzuschieben, ehe der andere seinen Kopf unter dem Wagen hervorzog. »Alles in Ordnung!« sagte er fröhlich. Dann fragte er, ob er nun wieder fahren sollte. Ja, er sollte fahren. Während er ankurbelte, überlegte der Mann, ob es besser wäre, ihn jetzt oder im Fahren niederzuschießen. Es gab für ihn keinen Zweifel mehr darüber, daß sein Begleiter Eskorte war.

Der Weg verbreiterte sich an seinem tiefsten Punkt, als reute ihn sein plötzlicher Absturz, und führte sachte hinauf. Die Seele eines Selbstmörders, von Engeln getragen, dachte der Mann. Aber sie trugen ihn dem Gericht entgegen, und es würde sich als Schuld enthüllen, was als gutes Recht gegolten hatte. Es war die Aktion ohne Befehl. Was ihn verwunderte, war die Mühe, die man sich mit ihm nahm.

Im fallenden Dunkel sah er die Umrisse des anderen vor sich, seinen Schädel und seine Schultern, die Bewegungen seiner Arme – eine Fraglosigkeit der Kontur, die ihm selbst versagt blieb. Die Kontur des Bewußten verfließt in der Finsternis.

Der Fahrer wandte sich nach ihm um und sagte: »Wir werden eine ruhige Nacht haben!« Das klang wie reiner Hohn. Aber die Nähe des Zieles schien ihn gesprächig zu machen, und er fuhr fort, ohne eine Antwort abzuwarten: »Wenn wir gut hinkommen!« Der Mann nahm den Revolver vom Koppel. Es war im Wald so finster, daß man denken konnte, die Nacht wäre schon hereingebrochen. »Als Kind«, sagte der Fahrer, »mußte ich immer von der Schule durch den Wald nach Hause gehen, wenn es abends war, da habe ich laut gesungen, damals . . .«

Sie waren über Erwarten schnell an die letzte Rodung gekommen. Wenn wir darüber sind, dachte der Mann, denn von da an würde der Wald noch einmal sehr dicht, ehe er sich gegen den abgebrannten Weiler zu öffnete, wo die Abteilung lag. Aber diese letzte Rodung war breiter als alle bisherigen, der Fluß glänzte aus einer größeren Nähe herüber. Ein Spinnennetz von Mondlicht lag über dem Schlag, der sich bis zum Kamm hinaufzog. Der Weg war von den Rädern der Ochsenkarren zerfurcht, die vor langer Zeit hier gefahren waren. Die eingetrockneten Furchen glichen im Mondlicht dem Innern einer Totenmaske. Auch dem, der die Rodung gegen den Fluß zu hinuntersah, wurde deutlich, daß die Erde den Abdruck eines fremden Gesichtes trug.

Der Mann hielt den Revolver vor sich auf den Knien. Als der erste Schuß fiel, hatte er deshalb die Empfindung, ihn gegen seinen Willen vorzeitig ausgelöst zu haben. Aber wenn der vor ihm getroffen war, so mußte sein Gespenst von großer Geistesgegenwart sein, denn es fuhr mit größerer Geschwindigkeit weiter. Er brauchte verhältnismäßig lange, ehe er erkannte, daß er selbst der Getroffene war. Der Revolver entfiel seiner Hand, sein Arm sackte herab. Ehe sie den Wald wieder erreichten, fielen noch mehrere Schüsse, ohne zu treffen.

Das Gespenst vor ihm wandte dem Mann sein fröhliches Gesicht zu und sagte: »Hier wären wir glücklich darüber, der Schlag war eingesehen!« – »Halten Sie!« sagte der Mann. »Nicht hier«, erwiderte der Junge, »tiefer drinnen!« – »Ich bin getroffen«, sagte der Mann verzweifelt. Der andere fuhr noch ein Stück weiter, ohne sich umzusehen, und hielt dann plötzlich an. Es gelang ihm, die Wunde abzubinden und das

Blut zu stillen. Dann sagte er das einzig Tröstliche, das er wußte: »Wir sind jetzt bald am Ziel!« Dem Verwundeten wird der Tod versprochen, dachte der Mann. »Warten Sie!« sagte er. »Noch etwas?« fragte der Junge ungeduldig. »Die Order!« erwiderte der Mann und griff mit der linken Hand in die Brusttasche. Im Augenblick seiner tiefsten Verzweiflung war ihm der Wortlaut auf eine neue Weisung bewußt geworden. Die Order lautete auf die Erschießung des Überbringers, sie nannte keinen Namen.

»Mein Rock ist durchgeblutet«, sagte der Mann, »übernehmen Sie die Order!« Wenn der andere sich weigerte, so würde sich hier alles entscheiden. Nach einem Augenblick des Schweigens fühlte er, wie ihm der Brief aus der Hand genommen wurde. »In Ordnung!« sagte der andere.

Die letzte halbe Stunde verging in Schweigen, Zeit und Weg waren zu Wölfen geworden, die einander rissen. Auf den himmlischen Weiden sind die Schafe geschützt, aber die himmlischen Weiden enthüllten sich als Richtplatz.

Der Ort, wo die Abteilung lag, war ein Weiler von fünf Häusern gewesen, von denen im Lauf der bisherigen Scharmützel drei abgebrannt waren. Die Helle der heilen Höfe machte deutlich, daß die Jungfräulichkeit des Abends der Nacht noch nicht gewichen war. Der Ort war ringsum von Wald umschlossen, der Rasen war niedergetreten und von Fahrzeugen und Geschützen übersät. Ein Drahtverhau grenzte den Platz gegen die Wälder ab.

Auf die Frage des Postens, was er brächte, erwiderte der Fahrer: »Einen Verwundeten und eine Order!« Sie fuhren rund um den Platz. Während der Mann im Wagen sich aufzurichten versuchte, dachte er, daß dieser Ort einem Ziel nicht ähnlicher war als alle andern Orte der Welt. Alle waren eher als Ausgangspunkt begreiflich. Er hörte eine Stimme fragen: »Ist er bei sich?« und hielt die Augen geschlossen. Es ging darum, Zeit zu gewinnen.

Und ehe irgend etwas bekannt wurde, hatte er neue Kräfte gefunden und Waffen, die seine Flucht erleichterten. Als sie ihn aus dem Wagen hoben, hing er schlaff in ihren Armen.

Sie trugen ihn in eines der Häuser über den Hof, in dem ein Ziehbrunnen stand. Zwei Hunde schnüffelten um ihn her. Die Wunde schmerzte. In einem Raum im Erdgeschoß legten sie ihn auf eine Bank. Es brannten keine Lampen hier, die Fenster standen offen. »Kümmert euch weiter um ihn!« sagte der Fahrer. »Ich möchte keine Zeit verlieren.«

Der Mann erwartete, daß man ihn jetzt verbinden würde, aber als er vorsichtig die Lider hob, fand er sich allein. Vielleicht waren sie weggegangen, um Verbandszeug zu holen. Im Haus war ein lebhaftes Kommen und Gehen, Türen wurden zugeschlagen, Stimmen klangen auf, aber all das trug sein eigenes Verstummen schon in sich und erhöhte, den Schreien der Vögel ähnlich, die Stille, aus der es sich erhob. Wozu das alles? dachte der Mann und begann, als nach einigen Minuten noch immer niemand gekommen war, die Möglichkeit einer sofortigen Flucht zu erwägen. Im Flur lehnten abgestellte Gewehre. Dem Posten würde er sagen, er sei mit einer neuen Meldung an das Kommando bestellt. Ausweise hatte er bei sich. Wenn er es bald tat, konnte noch niemand Bescheid wissen.

Er richtete sich auf, wunderte sich aber, wie groß die Schwäche war, die er vorzugeben gedacht hatte. Ungeduldig setzte er die Füße auf den Boden, erhob sich, konnte aber nicht stehen. Er setzte sich zurück und versuchte es entschlossen ein zweites Mal. Bei diesem Versuch riß der Notverband, den der andere angelegt hatte, und die Wunde brach auf. Sie öffnete sich mit Vehemenz eines verborgenen Wunsches. Er fühlte, wie das Blut sein Hemd durchtränkte und das Holz der Bank näßte, auf die er zurückgefallen war. Durch das Fenster sah er über der getünchten Mauer des Hofes den Himmel. Er hörte das Aufschlagen von Hufen, Pferde wurden in die Stallungen gebracht. Die Bewegungen im Haus hatten sich verstärkt, die Geräusche nahmen zu, es schien Unerwartetes geschehen zu sein. Er zog sich an dem Fenstersims hoch und glitt wieder herab. Er rief, aber es hörte ihn niemand. Man hatte ihn vergessen.

Während er dalag, wich seine Auflehnung einer verzweifelten

Heiterkeit. Das Verbluten schien ihm dem Entweichen durch verschlossene Türen ähnlich, einem Übergehen aller Posten. Der Raum, der nur durch die Helle der gegenüberliegenden Mauer wie von Schneelicht ein wenig erleuchtet wurde, enthüllte sich als Zustand. Und war nicht der reinste aller Zustände Verlassenheit und das Strömen des Blutes Aktion? Da er sie an sich und nicht um der Verteidigung willen gewünscht hatte, war das Urteil, das sich an ihm erfüllte, richtig. Da er das Liegen an den Grenzen satt hatte, bedeutete es Erlösung.

In der Ferne fielen Schüsse. Der Mann öffnete die Augen und erinnerte sich. Es war sinnlos gewesen, die Order weiterzugeben. Sie schossen den anderen nieder, während er hier lag und verblutete. Sie zerrten den anderen hinaus zwischen die Sparren der abgebrannten Höfe, vielleicht hatten sie ihm schon die Augen verbunden, nur sein Mund stand noch halb offen vor Überraschung, sie legten an, sie zielten, Achtung – –

Als er zu sich kam, fühlte er, daß seine Wunden verbunden waren. Er hielt es für einen unnötigen Dienst, den die Engel an den Verbluteten taten, für Barmherzigkeit, die zu spät kam. »Hier sehen wir uns wieder!« sagte er zu dem Fahrer, der sich über ihn beugte. Erst als er einen Offizier vom Stab am Fußende des Bettes bemerkte, erkannte er mit Schrecken, daß er nicht gestorben war.

»Die Order«, sagte er, »was ist mit der Order geschehen?«

»Durch den Schuß lädiert«, erwiderte der Offizier, »aber noch lesbar.«

»Ich hatte sie zu überbringen«, sagte der Mann.

»Wir sind zurecht gekommen!« unterbrach ihn der Fahrer. »Die am andern Ufer haben überall den Angriff begonnen!«

»Es war die letzte Nachricht, die wir zu erwarten hatten.« Der vom Stab wandte sich zum Gehen. In der Tür drehte er sich noch einmal zurück und sagte, nur um noch irgend etwas zu sagen: »Ihr Glück, daß Sie den Wortlaut der Order nicht kannten. Wir hatten eine merkwürdige Chiffre für den Beginn der Aktion.«

Felix kam aus dem Espresso. Sein Fox an der roten Leine tänzelte voraus. Zwei Mädchen vor der Kaufhausecke drehten sich nach ihm um.

»Hallo, Felix! Was treibst du? Gehst du ein paar Schritte mit?«

»Gern.«

Wenigstens an den Samstagnachmittagen glich unsere Stadt einer Großstadt. Der Autostrom riß nicht ab, die Käufer und Spaziergänger drängten sich auf den Trottoirs, die Jungen der Vorstädte hingen als Trauben vor den Kinoeingängen, die Mädchen der Oberschulen gingen bummeln, und die Lautsprecher der Radiogeschäfte spielten in die Gegend.

»Schau mal, nicht schlecht«, sagte Felix. Er meinte weder die Fotoapparate im Schaufenster, noch den schnittigen Sportwagen vor der Parkuhr; das behoste Mädchen meinte er, das neben der Mama an uns vorbeigetrippelt war. »Oder bist du anderer Meinung?«

»Nein, war toll.«

»Ist toll«, sagte er.

Ja, für Felix war alles Gegenwart. Und jetzt ging er spazieren, ließ sich halb von seinem Fox ziehen, halb ging er selber, gefiel sich gut dabei in seiner Lederjacke, seinen Jeans, seinen flachen Schuhen. Er war stehengeblieben, drehte sich um, ich drehte mich um, und das Mädchen drehte sich um, doch nur kurz, denn die Mama war schon drei Schritte voraus.

»Was hab ich dir gesagt? Los, gehen wir hinterher!« Der Fox machte Schwierigkeiten, die Richtung zu ändern. Auch ich war nicht mehr ganz so glücklich, Felix getroffen zu haben.

»Vielleicht hängt ihre Mama sie irgendwo ab.«

»Kennst du sie?«

»Nee, eben kennengelernt.«

Das Mädchen und die Mama waren im Gewühl untergetaucht. Auch Felix glückte nicht alles. Wir gingen bis zum Ende der Straße, besahen uns die Schaukästen am Alhambra und am

Roxi und standen eine Weile vor den Plakaten des Reisebüros.

»Wohin fährst du in diesem Jahr?« fragte Felix.

»Weiß ich nicht. Im vorigen war ich an der See, mit Ottmar.«

»Und wer noch?«

»Nur wir zwei. Unterwegs haben wir Dänen getroffen.«

»Du meinst wohl Däninnen?«

»Auch zwei Mädchen aus Hamburg haben wir getroffen«, sagte ich. Beim Trampen hatten wir sie zweimal gekreuzt, doch eigentlich gab es nichts von ihnen zu berichten.

»Und in diesem Jahr fährst du mit Sabine, was?«

Woher wußte er von Sabine? Ich kannte sie erst zwei Wochen. Im Espresso hatte sie sich mit ihrer Freundin an meinen Tisch gesetzt; sie sprachen von ihrem Aufsatz »Der Humanismus in Goethes Iphigenie« – ich konnte mich leicht ins Gespräch mischen. Dann traf ich sie zweimal an der Bushaltestelle. Beim letztenmal gab sie mir ihre Telefonnummer.

»Warum nimmst du sie nicht mit?«

»Ihre Eltern und so – ob sie's erlauben?«

»Natürlich nicht. Du mußt irgendeinen Dreh finden.«

Felix sagte es so selbstverständlich, daß ich keine Sekunde zweifelte, er hätte den Dreh nicht schon längst im Kopf, während ich – hätte ich nur fünfzig Prozent seines Schneids!

»Gehst du mit zur Hauptpost?« fragte ich.

»Was willst du da? Wohl einen Liebesbrief einwerfen?«

Schon der Gedanke machte ihn glücklich. Sein Gesicht strahlte, und ich verstand, warum sich die Mädchen nach ihm umsahen.

»Nein, nur telefonieren«, sagte ich und hörte selber aus meinem Tonfall, daß mir Schneid nicht angeboren war.

»Sabine«, fragte er.

»Ja.«

Vor den Telefonzellen im Dunkel der Hauptpost fiel mein Mut zusammen wie eine Zeltplane beim Abbau. Wäre Felix nicht dabeigewesen, ich wäre durch die nächste Schwingtür aus dem Gebäude geflüchtet.

»Die ist frei!« sagte Felix und zeigte auf eine Zelle.

Ich hatte zwei Zehner im Geldbeutel, doch ein anderes Hindernis fiel mir ein: »Wenn ihr Vater an den Apparat kommt oder ihre Mama?«

»Und?« fragte Felix. Für ihn war das kein Hindernis. Er zog die Tür auf, trat vor mir ein, nur der Fox blieb draußen, die Leine war eingeklemmt, und er stemmte winselnd die Vorderpfoten gegen die Scheibe.

»Ich rufe Sabine zum erstenmal an«, sagte ich. Ich rufe überhaupt zum erstenmal eine Freundin an, hätte ich ehrlicher sagen müssen.

»Menschenskind, du mußt doch zuerst den Hörer abnehmen!«

Schon hatte ich mir eine Blöße gegeben. Wie erst würde – Felix neben mir, der quietschende Hund vor der Scheibe – das Gespräch selber ausfallen? Ich wischte den Schweiß von der Stirn. Ich machte wieder etwas falsch.

Als Felix sagte: »Komm, laß mich«, war ich gar nicht so unglücklich. Man sah, Felix hatte schon oft telefoniert. Er nahm den Hörer ab, warf die Zehner ein, wartete das Amtszeichen ab, drehte die Wählerscheibe, machte alles in der richtigen Reihenfolge, ohne zur Vorschrift hinaufsehen zu müssen.

»Bleib dran, bis sie selber kommt!« Felix drehte die letzte Zahl der Nummer, eine Null, er hielt die Muschel ans Ohr gepreßt, doch auch ich konnte das Tüüü hören, das jetzt als Klingelzeichen durch ein entferntes Haus schrillte, in dem Sabine irgendwo –

»Ja, hier spricht Felix Klinsky!«

Felix legte die rechte Hand über die Sprechmuschel und flüsterte mir zu: »Ihr Alter ist dran.«

»Und sie?«

Doch Felix drehte das Gesicht zum Apparat und sprach mit lauter, fester Stimme: »Klinsky junior – ja, das ist er genau – danke gut – das Geschäft blüht, der Rubel rollt!«

Was redete er da? Mit wem worüber redete er?

»Richte ich gern aus – danke, Herr Doktor – tu ich bestimmt – Sabine ist nicht zu Hause?«

»Nein«, sagte die Stimme. Das verstand auch ich. Sabine war nicht zu Hause. Schade – nein, gut war's. Jetzt war's gut. Aber Felix redete noch immer, nickte, und erst nach einer Weile schien er auch an mich zu denken: »Sie haben doch nichts dagegen, wenn ich einen Freund mitbringe, er geht in die gleiche Klasse – danke! – und Empfehlungen an die gnädigste Frau – gut, versuche ich später mein Glück – wiederhören!«

Felix hängte den Hörer auf, stieß die Tür zurück, und der Fox kläffte an seiner Hose hoch, als hätte er sein Herrchen zwei Jahre vermißt.

»Du hast alles gehört?« fragte Felix.

»Nur zum Teil.«

»Ihr Papa war am Apparat. Er kennt meinen alten Herrn von früher. So'n Zufall. Hat ein gutes Gedächtnis.«

»Und Sabine?«

»Sie ist bei der Schneiderin. Ich soll später noch mal mein Glück versuchen. War die Freundlichkeit selber, der Herr Papa.« Felix hatte also auch ihn gewonnen.

»Du hast gehört, du sollst mitkommen, morgen nachmittag. Na, Sabine wird Augen machen!«

»Morgen? Nein, morgen kann ich nicht.«

Es war keine Ausflucht, wir waren zur Konfirmation meines Cousins eingeladen.

»Warum nicht?«

Konfirmation – ein Wort, das man vor Felix nicht gern sagen wollte.

»Weil – nein, morgen auf keinen Fall.«

»Du hast wohl noch 'ne Verabredung?«

Wenn ich jetzt Mut aufbrachte, war ich nicht ganz gedemütigt. Ich brachte ihn – nach einer etwas zu langen Gedankenpause – auf für ein überzeugendes Wort: »Sicher.«

»Na, du bist mir ein schöner Schwerenöter. Ruft hier an und ist dort schon verabredet. Hätte ich dir gar nicht zugetraut.«

Noch einmal bummelten wir zusammen die Straße hinab bis

zum Ende. Die Sonne war jetzt hinter den Häusern. Dann
schlenderte Felix mit seinem Fox ohne mich zurück.
»Ich grüße Sabine von dir«, sagte er, als wir uns die Hand
gaben.


### Heinrich Böll:
### Anekdote zur Senkung der Arbeitsmoral

In einem Hafen an einer westlichen Küste Europas liegt ein
ärmlich gekleideter Mann in seinem Fischerboot und döst. Ein
schick angezogener Tourist legt eben einen neuen Farbfilm in
seinen Fotoapparat, um das idyllische Bild zu fotografieren:
blauer Himmel, grüne See mit friedlichen schneeweißen
Wellenkämmen, schwarzes Boot, rote Fischermütze. Klick.
Noch einmal: klick, und da aller guten Dinge drei sind und
sicher sicher ist, ein drittes Mal: klick. Das spröde, fast
feindselige Geräusch weckt den dösenden Fischer, der sich
schläfrig aufrichtet, schläfrig nach seiner Zigarettenschachtel
angelt; aber bevor er das Gesuchte gefunden, hat ihm der
eifrige Tourist schon eine Schachtel vor die Nase gehalten,
ihm die Zigarette nicht gerade in den Mund gesteckt, aber in
die Hand gelegt, und ein viertes Klick, das des Feuerzeuges,
schließt die eilfertige Höflichkeit ab. Durch jenes kaum
meßbare, nie nachweisbare Zuviel an flinker Höflichkeit ist
eine gereizte Verlegenheit entstanden, die der Tourist – der
Landessprache mächtig – durch ein Gespräch zu überbrücken
versucht.
»Sie werden heute einen guten Fang machen.«
Kopfschütteln des Fischers.
»Aber man hat mir gesagt, daß das Wetter günstig ist.«
Kopfnicken des Fischers.
»Sie werden also nicht ausfahren?«
Kopfschütteln des Fischers, steigende Nervosität des Touri-
sten. Gewiß liegt ihm das Wohl des ärmlich gekleideten Men-
schen am Herzen, nagt an ihm die Trauer über die verpaßte
Gelegenheit.

»Oh, Sie fühlen sich nicht wohl?«

Endlich geht der Fischer von der Zeichensprache zum wahrhaft gesprochenen Wort über. »Ich fühle mich großartig«, sagt er. »Ich habe mich nie besser gefühlt.« Er steht auf, reckt sich, als wolle er demonstrieren, wie athletisch er gebaut ist. »Ich fühle mich phantastisch.«

Der Gesichtsausdruck des Touristen wird immer unglücklicher, er kann die Frage nicht mehr unterdrücken, die ihm sozusagen das Herz zu sprengen droht: »Aber warum fahren Sie dann nicht aus?«

Die Antwort kommt prompt und knapp. »Weil ich heute morgen schon ausgefahren bin.«

»War der Fang gut?«

»Er war so gut, daß ich nicht noch einmal auszufahren brauche, ich habe vier Hummer in meinen Körben gehabt, fast zwei Dutzend Makrelen gefangen . . .«

Der Fischer, endlich erwacht, taut jetzt auf und klopft dem Touristen beruhigend auf die Schultern. Dessen besorgter Gesichtsausdruck erscheint ihm als ein Ausdruck zwar unangebrachter, doch rührender Kümmernis.

»Ich habe sogar für morgen und übermorgen genug«, sagt er, um des Fremden Seele zu erleichtern. »Rauchen Sie eine von meinen?«

»Ja, danke.«

Zigaretten werden in Münder gesteckt, ein fünftes Klick, der Fremde setzt sich kopfschüttelnd auf den Bootsrand, legt die Kamera aus der Hand, denn er braucht jetzt beide Hände, um seiner Rede Nachdruck zu verleihen.

»Ich will mich ja nicht in Ihre persönlichen Angelegenheiten mischen«, sagt er, »aber stellen Sie sich mal vor, Sie führen heute ein zweites, ein drittes, vielleicht sogar ein viertes Mal aus und Sie würden drei, vier, fünf, vielleicht gar zehn Dutzend Makrelen fangen . . . stellen Sie sich das mal vor.«

Der Fischer nickt.

»Sie würden«, fährt der Tourist fort, »nicht nur heute, sondern morgen, übermorgen, ja, an jedem günstigen Tag zwei-,

17

dreimal, vielleicht viermal ausfahren – wissen Sie, was geschehen würde?«

Der Fischer schüttelt den Kopf.

»Sie würden sich in spätestens einem Jahr einen Motor kaufen können, in zwei Jahren ein zweites Boot, in drei oder vier Jahren könnten Sie vielleicht einen kleinen Kutter haben, mit zwei Booten oder dem Kutter würden Sie natürlich viel mehr fangen – eines Tages würden Sie zwei Kutter haben, Sie würden ...«, die Begeisterung verschlägt ihm für ein paar Augenblicke die Stimme, »Sie würden ein kleines Kühlhaus bauen, vielleicht eine Räucherei, später eine Marinadenfabrik, mit einem eigenen Hubschrauber rundfliegen, die Fischschwärme ausmachen und Ihren Kuttern per Funk Anweisung geben. Sie könnten die Lachsrechte erwerben, ein Frischrestaurant eröffnen, den Hummer ohne Zwischenhändler direkt nach Paris exportieren – und dann ...«, wieder verschlägt die Begeisterung dem Fremden die Sprache. Kopfschüttelnd, im tiefsten Herzen betrübt, seiner Urlaubsfreude schon fast verlustig, blickt er auf die friedlich hereinrollende Flut, in der die ungefangenen Fische munter springen. »Und dann«, sagt er, aber wieder verschlägt ihm die Erregung die Sprache.

Der Fischer klopft ihm auf den Rücken, wie einem Kind, das sich verschluckt hat. »Was dann?« fragt er leise.

»Dann«, sagt der Fremde mit stiller Begeisterung, »dann könnten Sie beruhigt hier im Hafen sitzen, in der Sonne dösen – und auf das herrliche Meer blicken.«

»Aber das tu ich ja schon jetzt«, sagt der Fischer, »ich sitze beruhigt am Hafen und döse, nur Ihr Klicken hat mich dabei gestört.«

Tatsächlich zog der solcherlei belehrte Tourist nachdenklich von dannen, denn früher hatte er auch einmal geglaubt, er arbeite, um eines Tages einmal nicht mehr arbeiten zu müssen, und es blieb keine Spur von Mitleid mit dem ärmlich gekleideten Fischer in ihm zurück, nur ein wenig Neid.

### Rainer Brambach: Besuch bei Franz

Manchmal lösen sich Blätter aus dem Ahorngeäst; sie segeln auf den Kiesweg herab oder werden vom Wind über die Gräber getrieben. An der Buchshecke bleiben sie hängen.
Ich lese die Namen und Zahlen auf den Steinen und Kreuzen; ein langes Leben, ein kurzes Leben; eines war vor siebzehn Jahren zu Ende, ein anderes vor fünf Jahren und ein drittes in diesem Frühjahr. Genau gesagt, im April.
Ich spucke im Bogen über den Kiesweg. Für Franz. Und weil es für ihn geschieht, gelingt es mir prächtig. Dort, wo die herrlich blauen Astern in der Blechbüchse stehen, liegt Franz.
Er spuckte oft in seine mörtelgrauen Hände. Das war seine Art. Und einmal spuckte er dem zitronengesichtigen Parlier vom Gerüst herunter präzise auf den Kopf. Was für ein Krawall! Der Parlier zappelte unten zwischen Sandhaufen und Bretterstapeln herum: »Cretino!« schrie er herauf. »Kartoffelfresser!« schrie er.
»Tabaksaft, noch immer das beste Mittel gegen Läuse!« rief Franz nach unten. Ich hielt mich an einer Planke fest; die Welt verschwamm vor meinen Augen, nein, ich habe selten so gelacht.
Wenige Tage später fiel Franz vom Gerüst. Unbegreiflich. Franz fiel fünf Stockwerke tief.
Übrigens hat der Parlier dem Franz verziehen; er kam feierlich schwarz zur Bestattung und hat als einziger geweint.
Verstehe einer diese Südländer!

### Friedrich Dürrenmatt: A's Sturz

D's Stunde war gekommen. A's Sturz vollzog sich nüchtern, sachlich, mühelos, gleichsam bürokratisch. Die Wildsau befahl, die Türen zu verschließen. Das Denkmal erhob sich schwerfällig, verschloß zuerst die Türe hinter dem Schuhputzer und dem Jüngeren der Gin-gis-Khane und dann die hinter dem Teeheiligen und der Ballerina. Darauf warf er die Schlüssel zwischen die Wildsau und Lord Evergreen auf den Tisch. Das Denkmal setzte sich wieder. Einige Mitglieder des Politischen Sekretariats, die aufgesprungen waren – als wollten sie das Denkmal hindern, ohne es jedoch zu wagen –, setzten sich auch wieder. Alle saßen, die Aktentaschen vor sich auf dem Tisch. A schaute von einem zum andern, lehnte sich zurück, zog an seiner Pfeife. Er hatte das Spiel aufgegeben. Die Sitzung gehe weiter, sagte die Wildsau, es wäre interessant, zu erfahren, wer nun O eigentlich habe verhaften lassen. Die Staatstante entgegnete, es könne sich nur um A handeln, auf der Liste sei O nicht angeführt, und er als Chef der Geheimpolizei sähe überhaupt keinen Grund, O, der doch nur ein zerstreuter Wissenschaftler sei, zu verhaften. O sei ein Fachminister und unersetzlich, ein moderner Staat brauche die Wissenschaftler mehr als die Ideologen. Das müsse sogar der Teeheilige langsam kapieren. Nur A kapiere es anscheinend nie. Der Teeheilige verzog keine Miene. »Die Liste!« verlangte er sachlich, »sie wird uns Klarheit bringen.« Die Staatstante öffnete seine Aktentasche. Er reichte ein Papier zuerst Lord Evergreen, der es nach kurzem Überlesen dem Teeheiligen zuschob. Der Teeheilige erbleichte. »Ich bin auf der Liste«, murmelte er leise, »ich bin auf der Liste. Dabei bin ich doch immer ein linientreuer Revolutionär gewesen. Ich bin auf der Liste«, und dann schrie der Teeheilige plötzlich auf: »Ich war der Linientreuste von euch allen, und nun soll ich liquidiert werden. Wie ein Verräter!« Die Linie sei eben krumm geworden, entgegnete D trocken. Der Teeheilige gab die Liste der Ballerina, der, da sein Name offensichtlich nicht draufstand, sie sofort an das Denkmal weiterleitete. Das Denkmal starrte auf sie, las sie immer wieder, um endlich aufzuheulen: »Ich bin nicht darauf, ich bin nicht darauf. Nicht einmal liquidieren will mich das Schwein, mich, den alten Revolutionär!« N überflog die Liste. Sein Name stand nicht darauf. Er gab sie an den Chef der Jugendgruppen weiter. Der blasse Parteimensch stand verstört auf, als befände er sich in einem

Examen, reinigte seine Brille. »Ich bin zum Generalstaatsanwalt ernannt worden«, stotterte er. Alle brachen in ein Gelächter aus. »Setz dich, Kleiner«, meinte die Wildsau gutmütig, und der Schuhputzer fügte bei, sie würden den braven Tugendbold der Jugendgruppen nicht auffressen. P setzte sich wieder und reichte das Papier, wobei seine Hand schlotterte, über den Tisch zur Parteimuse hinüber. »Ich stehe darauf«, sagte sie und schob die Liste dem älteren Gin-gis-Khan zu, der aber vor sich hindöste, so daß sie der jüngere zu sich nahm. »Marschall H steht nicht darauf«, sagte er, »aber ich stehe darauf« und gab das Papier dem Schuhputzer. »Ich auch«, sagte dieser, und dasselbe sagte die Wildsau. Als letzter erhielt der Eunuch die Liste. »Nicht darauf«, sagte der Außenminister und schob die Liste wieder der Staatstante zu. Der Chef der Geheimpolizei faltete das Papier sorgfältig zusammen und verschloß es in seiner Aktentasche. O sei tatsächlich nicht auf der Liste, bestätigte Lord Evergreen. Warum er dann von A verhaftet worden sei, wunderte sich die Ballerina und blickte mißtrauisch zur Staatstante. Der entgegnete, er habe keine Ahnung; daß der Atomminister erkrankt sei, habe er bloß angenommen, doch A pflege nach eigenem Gutdünken vorzugehen. »Ich ließ O nicht verhaften«, sagte A. »Erzähl keine Märchen«, schnauzte ihn der jüngere Gingis-Khan an, »sonst wäre er hier.« Alle schwiegen, A zog ruhig an seiner Dunhill. »Wir können nicht mehr zurück«, meinte die Parteimuse trocken, die Liste sei eine Tatsache. Sie sei nur für den Notfall aufgestellt worden, erklärte A, ohne sich zu verteidigen. Er rauchte gemütlich, als gehe es nicht um sein Leben, und fügte bei, die Liste sei aufgestellt worden für den Fall, daß sich das Politische Departement seiner Selbstauflösung widersetze. »Der Fall ist eingetreten«, entgegnete der Teeheilige trocken, »es widersetzt sich.« Der Eunuch lachte. Der Schuhputzer kam wieder mit einem Bauernspruch, der Blitz schlage auch beim reichsten Bauern ein. Die Wildsau fragte, ob sich jemand freiwillig melde. Alle schauten zum Denkmal. Das Denkmal erhob sich. »Ihr erwartet, daß ich den Kerl umbringe«, sagte er. »Du brauchst ihn nur ans

Fenster zu knüpfen«, antwortete die Wildsau. »Ich bin kein Henker wie ihr«, antwortete das Denkmal, »ich bin ein ehrlicher Schmied und erledige das auf meine Weise.« Das Denkmal nahm seinen Sessel und stellte ihn zwischen das freie Tischende und das Fenster. »Komm, A!«, befahl das Denkmal ruhig. A erhob sich. Er wirkte, wie immer, gelassen und sicher. Während er gegen das untere Tischende zuging, wurde er vom Teeheiligen behindert, der seinen Sessel gegen die hinter ihm befindliche Türe gelehnt hatte. »Pardon!«, sagte A. »ich glaube, ich muß hier durch.« Der Teeheilige rückte zum Tisch, ließ A passieren, der nun zum Denkmal gelangte. »Setz dich«, sagte das Denkmal. A gehorchte. »Gib mir deinen Gürtel, Staatspräsident«, befahl das Denkmal. Gin-gis-Khan der Ältere kam dem Befehl mechanisch nach, ohne zu begreifen, was das Denkmal im Sinne hatte. Die andern starrten schweigend vor sich hin, schauten nicht einmal zu. N dachte an den letzten Staatsakt, bei welchem sich das Politische Sekretariat der Öffentlichkeit gezeigt hatte. Im tiefen Winter. Sie beerdigten den ›Unbestechlichen‹, einen der letzten großen Revolutionäre. Der Unbestechliche nahm nach dem Sturz des Denkmals das Amt des Parteichefs ein. Dann fiel er in Ungnade. Die Wildsau verdrängte ihn. Doch machte A dem Unbestechlichen nicht den Prozeß wie den anderen. Sein Sturz war grausamer. A ließ ihn für geisteskrank erklären und in eine Irrenanstalt einliefern, wo ihn die Ärzte während Jahren dahindämmern ließen, bevor er sterben durfte. Um so feierlicher fiel denn auch das Staatsbegräbnis aus. Das Politische Sekretariat, ausgenommen die Parteimuse, trug den Sarg, bedeckt mit der Parteifahne, auf den Schultern durch den Staatsfriedhof an schneebedeckten, kitschigen Marmorstatuen und Grabsteinen vorbei. Die zwölf mächtigsten Männer der Partei und des Staates stapften durch den Schnee. Sogar der Teeheilige war in Stiefeln. Vorne hatte A neben dem Eunuchen die Bahre geschultert und hinten, nach all den andern, N neben dem Denkmal. Der Schnee fiel in großen Flocken aus einem weißen Himmel. Zwischen den Gräbern und um das ausgehobene Grab scharten sich dicht gedrängt die Funktionäre in langen Mänteln und warmen Pelzmützen. Als man den Sarg zu den Klängen einer durchfrorenen Militärkapelle, welche die Parteihymne spielte, ins Grab hinunterließ, flüsterte das Denkmal: »Teufel, ich werde der nächste sein.« Nun war er nicht der nächste. A war der nächste. N schaute auf. Das Denkmal schlang den Gürtel Gin-gis-Khan des Älteren um A's Hals. »Bereit?« fragte das Denkmal. »Nur noch drei Züge«, antwortete A, paffte dreimal ruhig vor sich hin, dann legte er die gebogene Dunhill vor sich auf den Tisch. »Bereit«, sagte er. Das Denkmal zog den Gürtel zu. A gab keinen Laut von sich, sein Leib bäumte sich zwar auf, auch ruderten einige Male seine Arme unbestimmt herum, doch schon saß er unbeweglich, den Kopf vom Denkmal nach hinten gezogen, den Mund weit geöffnet: das Denkmal hatte den Gürtel mit ungeheurer Kraft zusammengezogen. A's Augen wurden starr. Der ältere Gin-gis-Khan ließ aufs neue Wasser, niemanden störte es. »Nieder mit den Feinden im Schoße der Partei, es lebe unser großer Staatsmann A!« rief er. Das Denkmal lockerte seinen Griff erst nach fünf Minuten, legte den Gürtel Gin-gis-Khan des Älteren zur Dunhill-Pfeife auf den Tisch, ging zu seinem Platz zurück und setzte sich. A saß tot im Sessel vor dem Fenster, das Antlitz zur Decke gekehrt, mit hängenden Armen. Die andern starrten ihn schweigend an. Lord Evergreen zündete sich eine amerikanische Zigarette an, dann eine zweite, dann eine dritte. Sie warteten alle etwa eine Viertelstunde.

Jemand versuchte, von außen die Türe zwischen F und H zu öffnen. D erhob sich, ging zu A, betrachtete ihn genau und betastete sein Gesicht. »Der ist tot«, sagte D, »E, gib mir den Schlüssel.« Der Außenhandelsminister gehorchte schweigend, dann öffnete D die Türe. Auf der Schwelle stand der Atomminister O und entschuldigte sich für seine Verspätung. Er habe sich im Datum geirrt. Dann wollte er auf seinen Platz, ließ in der Eile seine Aktentasche fallen, und erst als er sie aufhob, bemerkte O den erdrosselten A und erstarrte. »Ich bin der neue Vorsitzende«, sagte D und rief durch die offene Türe den Oberst herein. Der Oberst salu-

tierte, verzog keine Miene. D befahl ihm, A wegzuschaffen.
Der Oberst kam mit zwei Soldaten zurück, und der Sessel
war wieder leer. D schloß die Türe ab. Alle hatten sich erhoben. »Die Sitzung des Politischen Sekretariats geht weiter«,
sagte D, »bestimmen wir die neue Sitzordnung.« Er setzte
sich auf den Platz A's. Neben ihn setzten sich B und C. Neben B F und neben C E. Neben F setzte sich M. Dann schaute
D N an und machte eine einladende Geste. Fröstelnd setzte
sich N neben E: er war der siebentmächtigste Mann im Staate
geworden. Draußen begann es zu schneien.

<pre>
              D
  B                     C
  F                     E
  M                     N
  H                     G
  K                     I
  O                     L
                        P
</pre>

## Herbert Eisenreich: Am Ziel

Das also war der Abend zuvor, der Abend vor der Nacht
zu dem Tag, der ihm den Triumph bringen sollte! Nun war
es so weit, kein Zweifel! Seit Tagen schon hatte sich Doktor
Stiasny, ohne daß Gründe zu erfahren gewesen wären, in den
Büros der Firma nicht mehr blicken lassen, und an diesem
Nachmittag hatte ein Schreiben der Direktion ihn, den »S. g.
Herrn Hans Leisiger, Oberinspektor der Vereinigte Zucker-
fabriken A. G.«, für den nächsten Vormittag um halb neun
Uhr in den kleinen Konferenzsaal gebeten: man habe ihm
eine für ihn höchst bedeutsame Eröffnung zu machen.
Ja, dachte Leisiger, in den kleinen Konferenzsaal! Holzge-
täfelt, dunkler Parkettboden ohne Teppich, ein Eichentisch
und acht geschnitzte Armsessel, ein bauchiger Kachelofen in

der Ecke, ein Gemälde der größten, der Inglhofer Fabrik zwischen zwei Hirschgeweihen an der Längsseite gegenüber den beiden Fenstern mit den handgewebten Vorhängen; und unsichtbar in dem Raume sich wölkend der Rauch von Zigarren, vermischt mit Spuren von Gerüchen, die seltsamerweise an erdige Schuhe und an schweißfeuchtes Pferdeleder denken ließen. Dahin hatte man ihn auch geladen, als er Inspektor in der Inglhofer Fabrik wurde, und wenig später wiederum, als er aufrückte in den Rang eines Oberinspektors und hierher zurückversetzt wurde, in die Zentrale. Und so lud man ihn auch diesmal in den kleinen Konferenzsaal – und er wußte, warum! Seit er, vor nunmehr zehn Jahren, in die Firma gekommen war, hatte er nie sein hochgestecktes Ziel aus dem wie anvisierend halb zugekniffenen Auge gelassen, das Ziel, Prokurist und damit Geschäftsführer zu werden – oder, mit einer Deutlichkeit gesagt, die jetzt, am Vorabend seines Triumphes, endlich wohl verstattet sein mußte: den Platz einzunehmen, den der Doktor Stiasny innehatte. Und nun war es so weit, nur noch dieser Abend und diese eine Nacht trennten ihn von der festgesetzten Stunde des Tages, der ihn triumphieren sehen sollte, triumphieren nicht mehr bloß über diesen armseligen, über diesen blaß-zerbrechlichen, teetassenhäutigen Doktor Stiasny, sondern viel mehr über die Mühsal seines bisherigen Lebens vom zweiundvierzigsten bis zum eben vollendeten zweiundfünfzigsten Lebensjahr; denn seit er eingetreten war in die Firma, hatte er hingearbeitet auf diesen Tag des Triumphes, nicht nur seine vorgeschriebenen acht Stunden täglich und die Überstunden während der Rübenkampagne dazu, o nein! Sondern dreimal acht Stunden eines jeden Tages zehn Jahre lang hatte er dafür gelebt: dafür nicht nur gearbeitet, sondern dafür auch geschlafen, gegessen, sich rasiert, sich (wenn auch immer nur flüchtig) mit Frauen eingelassen, gelesen, Besuche gemacht und empfangen, geraucht, sich geschneuzt, Medizinen geschluckt, Luft eingeatmet und ausgeatmet ... gelebt nur für diesen einen Tag, für dieses eine Ziel; mit eiskalter Sachlichkeit, von sich selber kontrolliert bis in die Reflexe der Augen-

lider und bis in die Träume hinab, so hatte er darauf zugelebt, worüber er allmählich die angestrebte Vorteile, als da
sind die finanzielle Besserstellung, das erhöhte Ansehen, die
vermehrte Macht, vergessen hatte (genau wie jener Obmann
der Rübenbauern in Neustadl, der damals, als durch den
großen Streik in der Eisenindustrie auch die Bahn aus den
Gleisen kam und die Waggons nicht mehr pünktlich bereit-
stellen konnte, der damals also partout die von den Bauern
der Gemeinde herangefahrenen Rüben einmieten wollte, was
ihm, da dies auf seinem Grund und Boden hätte geschehen
müssen, eine kleine Summe Geldes eingebracht hätte, und der,
um es gegen Leisiger durchzusetzen, was ihm endlich dann
aber doch nicht gelang, die doppelte Summe in Gesprächen
mit der Direktion vertelephonierte, bis dann doch die Waggons noch kamen und in pausenloser Tag- und Nachtarbeit
beladen wurden; aber daran, und wie bis zur Siedehitze jener Bauer ihn damals geärgert hatte, daran dachte Leisiger
schon längst nicht mehr). Er dachte nur an den Triumph
seiner Diplomatie. Seit er in der Firma war, hatte er mit
allem, was er tat, gar nichts anderes getan, als den Ruf, das
Ansehen, die Position des Doktor Stiasny – ›seines Vorgän-
gers‹, dachte er fiebrig-trunken – unterhöhlt, untergraben,
unterminiert, und mit welch lautlosen Spatenstichen, mit
welch diffiziler Wühlarbeit, mit welcher Spannung zwischen
äußerer Nonchalance und innerer Vibration: gleichwie ein
lebenslänglich Gefangener just unter den Ohren seiner hell-
hörigen Bewacher sich mit den bloßen Fingernägeln einen
Gang in die Freiheit kratzt! Auf vielfach verschlungenen
Umwegen, geschleust durch alle Kanäle von Sympathien und
Antipathien innerhalb der Belegschaft, hatte er die Direktion in Kenntnis gesetzt von jedem Mißgeschick, von jeder
Nachlässigkeit, von jeder auch nur mikroskopisch kleinen
Abweichung, von jeder wirklichen oder scheinbaren Ver-
fehlung des Doktor Stiasny; hatte zahllose Mittelsmänner,
von den Boten bis zum Oberbuchhalter, für den Transport
dieser Nachrichten und Gerüchte eingespannt so unmerklich,
daß keiner sich als sein Werkzeug fühlen konnte. Und hatte

26

anderseits in den Sitzungen ausdrücklich für Stiasny plädiert; natürlich nicht etwa, indem er offenbare Verfehlungen oder Unregelmäßigkeiten Stiasnys bestritt, sondern so, daß er sie entweder bagatellisierte oder daß er im Charakter des Prokuristen oder in der jeweiligen geschäftlichen Situation entschuldigende Gründe suchte, immer aber so fadenscheinig argumentierend, daß die Entkräftung der Argumente gar nicht ausbleiben konnte.

Und nun war es soweit, nun stand er am Ziel! Mit zitternden Fingern die erloschene Zigarette aus dem Mundwinkel klaubend, wandte er sich von dem Fenster, aus dem er in die föhnig-vielfärbige Abenddämmerung gestarrt hatte, zurück in das dunkelnde Zimmer. Nun, dachte er, würde es auch notwendig werden, eine größere Wohnung zu mieten; hier, in Untermiete, wohnte er viel zu provisorisch, gleichsam seit Jahren nur auf Abruf. Und nun war es so weit! Dieser eine Abend und die Nacht nur noch trennten ihn, nach zehn randvoll mit Energie erfüllten Jahren, von dem Moment des Triumphes! Und da spürte er plötzlich die Stille und die Leere dieses Abends, in den er aus der Höhe seiner Anspannung unvorbereitet hineingestürzt war, eine Stille und Leere, die auch schon den morgigen Tag mit dem großen Ereignis, wie um es ihm vorzuenthalten, in sich aufsaugte, nichts ihm belassend als die Last all der Jahre, die er auf den morgigen Tag zugelebt hatte; spürte plötzlich, indes die kurze Spanne Zeit bis zum nächsten Vormittag ihm ins Endlose zu entgleiten schien, die summierte Last dieser Jahre überschwer auf seinen Schultern, spürte sie einsinken in die Brust und Jahresringe der Angst um sein Herz legen, spürte sie sein inneres Wesen zerdrücken, zerquetschen, zermalmen, es beseitigen, indes sein mächtiger Leib noch aufrecht stand, aber schon mit einem ungekannten Gefühl der Haltlosigkeit darin: grad als stünde, wo eben er selber noch gestanden, nur seine Haut noch da, zwar noch der Gewohnheit gehorchend, aber alsbald zusammensackend und liegenbleibend als ein erbärmliches Häuflein, so wie man sich vorstellt, daß die Kleider eines Ertrunkenen noch tagelang an dem Strande liegenbleiben, von dem aus er sich zu weit, als daß eine Rückkehr noch möglich gewesen wäre, aufs offene Meer hinausgewagt hat. Und so, so fand ihn am nächsten Morgen seine Haushälterin liegen, ein kleines Häuflein wie die Kleider eines Ertrunkenen am Strand. Um etwa die gleiche Zeit geschah das, als die Herren in dem kleinen Konferenzsaal bereits an die zehn Minuten gewartet hatten, der Minister a. D. Dr. h. c., klein, ausgetrocknet, zigarrenrauchend, Bauernbündler und jetzt Generaldirektor, und der kommerzielle Direktor, Statur eines Fußballspielers, Nichtraucher, Gesicht wie eine Uhr, und der technische Direktor, ein breithüftiger, wie von dauerndem Sitzen geformter Mann, Zigarrenraucher auch er, und als sie haargenau zehn Minuten gewartet hatten, sagte der kommerzielle Direktor: »Scheint, er hat den Braten gerochen!« Der technische Direktor wälzte seine Zigarre zwischen den Lippen, er mochte den kommerziellen Direktor nicht leiden, weil der immer auch in den Fabriken herumschnüffelte, und er dachte, daß Leisiger eben doch ein Dummkopf war, wenn er glaubte, der erste und einzige zu sein, der auf solche Weise sich emporzuschrauben gedachte; er hätte wissen müssen, daß diese Methode bekannt ist; und daß man durch nichts sich so verdächtig macht wie durch ein Verhalten, das sich zusammensetzt aus Objektivität und Kollegialität! Doch weil ihm ein passendes Wort dafür nicht einfiel, dachte er mit einer plötzlichen Wendung, als ließe sein Denken sich schalten wie eine seiner Maschinen, an andere Dinge. »Der Stiasny ist doch«, ließ sich nun der Minister a. D. hinter einer Rauchwolke vernehmen, »der Stiasny ist doch wirklich ein zuverlässiger Mann?« Die beiden Direktoren nickten. »Ein Starrkopf«, sagte dann der kommerzielle Direktor, »und immer gleich mit irgend einer vertrackten Theorie bei der Hand, die er in der schlaflosen Nacht vorher erfunden hat. Aber wenn man ihm – in aller Freundschaft, versteht sich! – das Messer an die Brust setzt, dann ist er tüchtig für zwei!« Hinter seinem Rauchschleier nickte der Minister a. D., murmelte dann etwas von einer Gehaltserhöhung für Stiasny, und der technische Direktor

dachte, daß sich durch das Fernbleiben Leisigers alles auf die
bequemste Weise geregelt habe. Und dann diskutierten sie,
was an diesem Tage sonst noch zur Debatte stand.

### Henry Jaeger: Die Henker

Sie hörten den Lastwagen in den Hof fahren. Seine Ladung
polterte von der Pritsche. Es war Holz: Balken und Bretter.
Ein paar Kommandos schallten herauf.
Von dieser Stunde an lauschten sie auf jeden Hammerschlag
der Zimmerleute. Manchmal ging einer der Männer zum
Zellenfenster, zog sich an den Gitterstäben hoch und spähte
durch die Blenden. Zuerst war es ein Gerüst, mit einer
Treppe, wie eine Rednertribüne. Dann wuchsen rechts und
links zwei vierkantige Pfosten hoch, die einen Querbalken
trugen.
Anderthalb Tage bauten die Zimmerleute. Dann wurde es
wieder still im Hof. Das Gerüst war abgedeckt mit einer
grauen Plane. Mit dieser Verkleidung sah es aus wie ein un-
geschickt errichtetes Zelt. Sie hatten von Anfang an gewußt,
was da für sie aufgebaut wurde: der Galgen.
Sie waren zu fünft. Die Zelle war nicht groß, aber sie ent-
hielt alles, was Männer brauchen, die nicht mehr lange zu
leben haben. Eiserne Betten standen an den Wänden und ließen in der Mitte des Raumes gerade noch Platz für einen
klobigen Tisch und einige Hocker.
Auf einem Wandbrett standen Waschschüsseln, und aus den
Trinkbechern daneben ragten aufrechtstehende Zahnbürsten,
einmal das Eigentum von Menschen, die nun nicht mehr lebten. Die Männer hatten sie in der Zelle vorgefunden und be-
nutzten sie. Sie wuschen und rasierten sich regelmäßig. Sie
waren zivilisierte Menschen und legten Wert darauf, mit ge-
putzten Zähnen zu sterben.
Die Zelle lag im Halbdunkel des dämmernden November-

tages. Sie waren Verurteilte, die auf den noch nicht feststehenden Tag warteten, an dem sie gehenkt würden.

Nur einer von ihnen kannte bereits seinen Tag.

Sie hockten in dem dumpfen Schweigen und sahen aneinander vorbei. Manchmal jedoch huschten ihre Augen kurz über den einen, der seit Stunden reglos auf seinem Bett lag und gegen die Decke starrte. Morgen früh, dachten sie dann. Sie dachten es ohne Mitleid. Ihre Gedanken kreisten um die eigene Person, und in dem, was in den frühen Morgenstunden einem von ihnen geschehen würde, fürchteten sie nur das kommende eigene Schicksal. Morgen würden sie nur noch zu viert sein.

Morgen früh, dachte er immer wieder, der eine, der seit Stunden reglos auf seinem Bett lag.

Sein Richter hatte von ihm gesagt, er sei einer jener Männer gewesen, die überall, wo sie während des Krieges aufgetaucht waren, eine blutige Spur hinterlassen hatten. In mehr als tausend Fällen war er des Mordes für schuldig befunden worden.

Er war vierzig Jahre alt, aber das war ihm nicht anzusehen. Nichts war ihm anzusehen, weder sein Alter noch die Zahl seiner Opfer, die er geschlachtet hatte. Die einzige Besonderheit an ihm, die jeder sehen konnte, war die krankhaft blasse Farbe seines Gesichts. Morgen würde er, der Henker, sterben, aber noch nach vielen Jahren würde es Menschen geben, die sich schaudernd seines Namens erinnerten. Die anderen vier waren harmloser. Sie hatten jeder nur ein paar Dutzend Menschen erschlagen, erstochen, gehenkt, erschossen.

Es war still in der Zelle, und es war still draußen vor dem Fenster, wo die letzten Blätter der Bäume zu Boden sanken.

Einmal richtete sich der Blasse auf, sah von einem zum anderen und rief: »Verdammter Mist!« Er war wütend auf das, was er die allmächtige Dummheit des Schicksals nannte, die ihm nicht gegönnt hatte durchzuschlüpfen.

Der Ruf weckte kein Echo bei seinen Mitgefangenen. Sie schwiegen. Es war nie viel gesprochen worden in der Zelle.

Sie haßten einander, denn jeder sah im anderen die eigene Vergangenheit. Sie haßten diese Vergangenheit mit einem stupiden vorwurfsvollen Rachegefühl. Schweigend und mißtrauisch hatten sie sich umschlichen, solange sie nebeneinander in dieser Zelle lebten. Ein paarmal war es zu Auseinandersetzungen zwischen ihnen gekommen. Mit hysterisch überschnappenden Stimmen hatten sie sich aus geringen Anlässen mit Anschuldigungen und Schimpfworten überschüttet. Sie hatten geschrien und getobt, die Fäuste gegeneinander geballt, aber sie hatten nicht zugeschlagen. Keiner von ihnen hatte je einen Mann geschlagen, der sich wehren konnte.

Sie waren keine Kämpfer. Sie verstanden etwas von der Technik des Meuchelns. Sie hatten zynisch gelacht, wenn Mütter um ihre Kinder schrien. Sie hatten gelacht, wenn ein Mann mit seinem Hals an einem Strick hing und das Leben grotesk in seinen Gliedern nachzuckte. Gekämpft hatten sie nie.

Unter den Blicken der fremden Offiziere, die dann und wann ihre Zelle kontrollierten, hatten sie jedesmal unterwürfig Haltung angenommen. Einer der Gefangenen, der die fremde Sprache verstand, hatte gehört: »Die Feiglinge frieren bis ins Mark beim Gedanken an den Strick . . .«

Am späten Nachmittag, als es fast völlig dunkel in der Zelle geworden war, wurde von draußen plötzlich das Licht eingeschaltet, und den Raum betrat ein Mann, den sie alle kannten. Er trug Uniform und am Koppel eine Pistole. Eine schwarze Aktentasche hielt er in der Hand. Stumm sahen ihn die Gefangenen an.

»Ich denke, du weißt, wer ich bin?« sagte er zu dem Blassen.

Er zog einen Hocker herbei und setzte sich neben das Bett. Er war vierzig Jahre alt, aber das war ihm nicht anzusehen. Nichts war ihm anzusehen, weder sein Alter noch die Art seines Berufes.

Der Blasse hatte sich aufgesetzt und fuhr mit einer nervösen Handbewegung durch sein Haar.

»Der Henker . . .«, sagte er.

Der Mann in Uniform griff nach seiner Aktentasche und erwiderte: »Wir sagen dazu Scharfrichter ... Ich bin gekommen, um eine Zigarre mit dir zu rauchen. Wenn du willst, können wir auch ein Glas Schnaps miteinander trinken ... Es ist bei uns der Brauch ...«

Aus der Tasche holte er eine Kiste Zigarren, eine Flasche Schnaps und zwei kleine Gläser.

Sie tranken sich schweigend zu. Dann zündete sich jeder eine Zigarre an. Die vier, deren Zeit noch nicht gekommen war, hatten sich auf ihre Betten zurückgezogen und sahen scheu herüber. Die Gläser wurden mehrmals geleert.

Der Scharfrichter begann ein Gespräch. Er sprach vom Wetter, von der vergangenen Getreideernte, von Großstädten, die sie beide kannten. Er sprach vom Krieg, seinen Folgen, und vom Haß in der Welt. Er habe gegen niemanden einen Haß.

Er schwieg und sagte dann: »Du trägst mir nichts nach?«

Der Blasse gab keine Antwort. Er hatte nur dann und wann genickt. Der Scharfrichter begann über seinen Beruf zu sprechen. Sein Gesicht nahm einen melancholischen Ausdruck an. Er werde von den Menschen gemieden, sagte er. Aber einer müsse es doch tun.

»Nicht wahr? Wenn der Staat diese Strafe vorsieht, muß es doch einen geben, der das macht ...«

Schwerfällig begannen die Gedanken des Verurteilten zu mahlen. Er starrte den Uniformierten an und ganz allmählich begriff er: der andere war gekommen und bat im voraus um Vergebung für das, was er morgen tun würde. Er war verblüfft.

Morgen früh würde er von ihm mit einer präzise funktionierenden Apparatur getötet werden. Jetzt bat der Henker den Henker um Vergebung.

Glaubte er etwa an eine höhere Instanz?

Dieser Gedanke machte den Gefangenen überheblich. Er begann zu denken, daß er ein besserer, härterer Henker gewesen sei als dieser da. Sie tranken sich zu. Der Gefangene spürte die lösende Wirkung des Alkohols. Seine Furcht war

wie weggeschwemmt. Er fühlte sich erheitert. Er lachte, sah
die ängstliche Neugier in den Gesichtern seiner Zellengenossen. Für einen prächtigen Witz hielt er, als er plötzlich laut
und herausfordernd rief: »Sterben ist der schönste Tod!«
Dann lachte er wieder und genoß die Angst der anderen.
»Was glotzt ihr?« rief er, und die Angeredeten wandten die
Augen ab. Der Scharfrichter redete. Der Verurteilte hörte
ihn wie von weitem: »Du trägst mir nichts nach ... Es ist
bei uns der Brauch ...«
»Quatsch!« rief der Blasse. »Ich trage dir nichts nach!«
Die Wache kam herein: zwei Männer, die vor der Tür gewartet hatten. Sie mahnten zum Aufbruch.
»Noch eine Viertelstunde«, sagte der Scharfrichter und
schenkte die Gläser voll. »Der Tod dauert kaum eine Sekunde«, sagte er. »Tatsächlich ist es nicht so schlimm wie
Zahnziehen ...«
Sie tranken sich zu.
»Wieviel sind es morgen?« fragte der Blasse.
»Vier, du bist der vierte.«
Als weitere zwanzig Minuten herum waren, gaben sie sich
die Hand. »Auf morgen ...«, sagte der Blasse.
»Auf morgen ...«, erwiderte der Scharfrichter und legte
zwei Zigarren auf den Hocker.
Dann ging er. Er schwankte ein wenig beim Hinausgehen.
Er hatte schon vorher mit drei anderen getrunken. Die Männer, deren Zeit noch nicht gekommen war, sahen ihm nach
mit starren Augen.


## Kurt Kusenberg: Ein verächtlicher Blick

Das Telefon summte, der Polizeipräsident nahm den Hörer
auf. »Ja?«
»Hier spricht Wachtmeister Kerzig. Soeben hat ein Passant
mich verächtlich angeschaut.«
»Vielleicht irren Sie«, gab der Polizeipräsident zu bedenken.

»Fast jeder, der einem Polizisten begegnet, hat ein schlechtes Gewissen und blickt an ihm vorbei. Das nimmt sich dann wie Geringschätzung aus.«

»Nein«, sprach der Wachtmeister. »So war es nicht. Er hat mich verächtlich gemustert, von der Mütze bis zu den Stiefeln.«

»Warum haben Sie ihn nicht verhaftet?«

»Ich war zu bestürzt. Als ich die Kränkung erkannte, war der Mann verschwunden.«

»Würden Sie ihn wiedererkennen?«

»Gewiß. Er trägt einen roten Bart.«

»Wie fühlen Sie sich?«

»Ziemlich elend.«

»Halten Sie durch, ich lasse Sie ablösen.«

Der Polizeipräsident schaltete das Mikrofon ein. Er entsandte einen Krankenwagen in Kerzigs Revier und ordnete an, daß man alle rotbärtigen Bürger verhafte.

Die Funkstreifen waren gerade im Einsatz, als der Befehl sie erreichte. Zwei von ihnen probierten aus, welcher Wagen der schnellere sei, zwei andere feierten in einer Kneipe den Geburtstag des Wirtes, drei halfen einem Kameraden beim Umzug, und die übrigen machten Einkäufe. Kaum aber hatten sie vernommen, um was es ging, preschten sie mit ihren Wagen in den Kern der Stadt.

Sie riegelten Straßen ab, eine um die andere, und kämmten sie durch. Sie liefen in die Geschäfte, in die Gaststätten, in die Häuser, und wo sie einen Rotbart aufspürten, zerrten sie ihn fort. Überall stockte der Verkehr. Das Geheul der Sirenen erschreckte die Bevölkerung, und es liefen Gerüchte um, die Hetzjagd gelte einem Massenmörder.

Wenige Stunden nach Beginn des Kesseltreibens war die Beute ansehnlich; achtundfünfzig rotbärtige Männer hatte man ins Polizeipräsidium gebracht. Auf zwei Krankenwärter gestützt, schritt Wachtmeister Kerzig die Verdächtigen ab, doch den Täter erkannte er nicht wieder. Der Polizeipräsident schob es auf Kerzigs Zustand und befahl, daß man die Häftlinge verhöre. »Wenn sie«, meinte er, »in *dieser* Sache unschuldig sind, haben sie bestimmt etwas anderes auf dem Kerbholz. Verhöre sind immer ergiebig.«

Ja, das waren sie wohl, jedenfalls in jener Stadt. Man glaube jedoch nicht, daß die Verhörten mißhandelt wurden; so grob ging es nicht zu, die Methoden waren feiner. Seit langer Zeit hatte die Geheimpolizei durch unauffälliges Befragen der Verwandten und Feinde jedes Bürgers eine Kartei angelegt, aus der man erfuhr, was ihm besonders widerstand: das Rattern von Stemmbohrern, grelles Licht, Karbolgeruch, nordische Volkslieder, der Anblick enthäuteter Ratten, schlüpfrige Witze, Hundegebell, Berührung mit Fliegenleim, und so fort. Gründlich angewandt, taten die Mittel meist ihre Wirkung: sie entpreßten den Befragten Geständnisse, echte und falsche, wie es gerade kam, und die Polizei frohlockte. Solches stand nun den achtundfünfzig Männern bevor.

Der Mann, dem die Jagd galt, befand sich längst wieder in seiner Wohnung. Als die Polizisten bei ihm läuteten, hörte er es nicht, weil er Wasser in die Badewanne strömen ließ. Wohl aber hörte er, nachdem das Bad bereitet war, den Postboten klingeln und empfing von ihm ein Telegramm. Die Nachricht war erfreulich, man bot ihm einen guten Posten im Ausland an – freilich unter der Bedingung, daß er sofort abreise.

»Gut«, sagte der Mann. »Gut. Jetzt sind zwei Dinge zu tun: der Bart muß verschwinden, denn ich bin ihn leid, und ein Paß muß her, denn ich habe keinen.«

Er nahm sein Bad, genüßlich, und kleidete sich wieder an. Dem Festtag zu Ehren, wählte er eine besonders hübsche Krawatte. Er ließ sich durchs Telefon sagen, zu welcher Stunde er auf ein Flugzeug rechnen könne. Er verließ das Haus, durchschritt einige Straßen, in die wieder Ruhe eingekehrt war, und trat bei einem Friseur ein. Als dieser sein Werk verrichtet hatte, begab der Mann sich ins Polizeipräsidium, denn nur dort, das wußte er, war in sehr kurzer Frist ein Paß zu erlangen.

Hier ist nachzuholen, daß der Mann den Polizisten in der Tat geringschätzig angeschaut hatte – deshalb nämlich, weil Kerzig seinem Vetter Egon ungemein glich. Für diesen Vet-

ter, der nichts taugte und ihm Geld schuldete, empfand der
Mann Verachtung, und die war nun, als er Kerzig gewahrte,
ungewollt in seinen Blick hineingeraten. Kerzig hatte also
richtig beobachtet, gegen seine Meldung konnte man nichts
einwenden.

Ein Zufall wollte es, daß der Mann beim Eintritt ins Poli-
zeipräsidium erneut dem Polizisten begegnete, der ihn an
Vetter Egon erinnerte. Dieses Mal aber wandte er, um den
Anderen nicht zu kränken, seine Augen rasch von ihm ab.
Hinzu kam, daß es dem Armen offenbar nicht gut ging;
zwei Wärter geleiteten ihn zu einem Krankenwagen.

So einfach, wie der Mann es gewähnt, ließ sich die Sache mit
dem Paß nicht an. Es half ihm nichts, daß er mancherlei Papiere bei sich führte, daß er das Telegramm vorwies: die ver-
messene Hast des Unternehmens erschreckte den Paßbeam-
ten.

»Ein Paß«, erklärte er, »ist ein wichtiges Dokument. Ihn aus-
zufertigen, verlangt Zeit.«

Der Mann nickte. »So mag es in der Regel sein. Aber jede
Regel hat Ausnahmen.«

»Ich kann den Fall nicht entscheiden«, sagte der Beamte.
»Das kann nur der Polizeipräsident.«

»Dann soll er es tun.«

Der Beamte kramte die Papiere zusammen und erhob sich.
»Kommen Sie mit«, sprach er. »Wir gehen den kürzesten Weg
– durch die Amtszimmer.«

Sie durchquerten drei oder vier Räume, in denen lauter rotbärtige Männer saßen. »Drollig«, dachte der Mann. »Ich
wußte nicht, daß es ihrer so viele gibt. Und nun gehöre ich
nicht mehr dazu.«

Wie so mancher Despot, gab der Polizeipräsident sich gern
weltmännisch. Nachdem der Beamte ihn unterrichtet hatte,
entließ er ihn und hieß den Besucher Platz nehmen. Diesem
fiel es nicht leicht, ein Lächeln aufzubringen, denn der Polizeipräsident ähnelte seinem Vetter Arthur, den er gleichfalls
nicht mochte. Doch die Muskeln, die ein Lächeln bewirken,
taten brav ihre Pflicht – es ging ja um den Paß.

»Kleine Beamte«, sprach der Polizeipräsident, »sind ängstlich und meiden jede Entscheidung. Selbstverständlich bekommen Sie den Paß, sofort, auf der Stelle. Ihre Berufung nach Istanbul ist eine Ehre für unsere Stadt. Ich gratuliere.« Er drückte einen Stempel in den Paß und unterschrieb.

Lässig, als sei es ein beliebiges Heftchen, reichte er seinem Besucher das Dokument. »Sie tragen da«, sprach er, »eine besonders hübsche Krawatte. Ein Stadtplan – nicht wahr?«

»Ja«, erwiderte der Mann. »Es ist der Stadtplan von Istanbul.«

»Reizender Einfall. Und nun« – der Polizeipräsident stand auf und reichte dem Mann die Hand – »wünsche ich Ihnen eine gute Reise.« Er geleitete den Besucher zur Tür, winkte ihm freundlich nach und begab sich in die Räume, wo man die Häftlinge vernahm.

Ihre Pein zu kürzen, hatten die Bedauernswerten manches Delikt eingestanden, nur jenes nicht, dessen man sie bezichtigte. »Weitermachen!« befahl der Polizeipräsident und ging zum Mittagessen.

Bei seiner Rückkehr fand er eine Meldung vor. Ein Friseur hatte ausgesagt, er habe am Vormittag einen Kunden auf dessen Wunsch seines roten Bartes entledigt. Den Mann selbst könne er nicht beschreiben, doch erinnere er sich eines auffälligen Kleidungsstückes: einer Krawatte mit einem Stadtplan.

»Ich Esel!« schrie der Polizeipräsident. Er eilte die Treppe hinunter, zwei Stufen mit jedem Satz. Im Hof stand wartend sein Wagen. »Zum Flugplatz!« rief er dem Fahrer zu und warf sich auf den Rücksitz.

Der Fahrer tat, was er vermochte. Er überfuhr zwei Hunde, zwei Tauben und eine Katze, er schrammte eine Straßenbahn, beschädigte einen Handwagen mit Altpapier und erschreckte Hunderte von Passanten. Als er sein Ziel erreichte, erhob sich weit draußen, auf die Sekunde pünktlich, das Flugzeug nach Istanbul von der Rollbahn.

## Siegfried Lenz: Ein Freund der Regierung

Zu einem Wochenende luden sie Journalisten ein, um ihnen an Ort und Stelle zu zeigen, wie viele Freunde die Regierung hatte. Sie wollten uns beweisen, daß alles, was über das unruhige Gebiet geschrieben wurde, nicht zutraf: die Folterungen nicht, die Armut und vor allem nicht das wütende Verlangen nach Unabhängigkeit. So luden sie uns sehr höflich ein, und ein sehr höflicher, tadellos gekleideter Beamter empfing uns hinter der Oper und führte uns zum Regierungsbus. Es war ein neuer Bus; ein Geruch von Lack und Leder umfing uns, leise Radiomusik, und als der Bus anfuhr, nahm der Beamte ein Mikrofon aus der Halterung, kratzte mit dem Fingernagel über den silbernen Verkleidungsdraht und hieß uns noch einmal mit sanfter Stimme willkommen. Bescheiden nannte er seinen Namen – »ich heiße Garek«, sagte er –; dann wies er uns auf die Schönheiten der Hauptstadt hin, nannte Namen und Anzahl der Parks, erklärte uns die Bauweise der Mustersiedlung, die auf einem kalkigen Hügel lag, blendend unter dem frühen Licht.

Hinter der Hauptstadt gabelte sich die Straße; wir verloren die Nähe des Meers und fuhren ins Land hinein, vorbei an steinübersäten Feldern, an braunen Hängen; wir fuhren zu einer Schlucht und auf dem Grunde der Schlucht bis zur Brücke, die über ein ausgetrocknetes Flußbett führte. Auf der Brücke stand ein junger Soldat, der mit einer Art lässiger Zärtlichkeit eine handliche Maschinenpistole trug und uns fröhlich zuwinkte, als wir an ihm vorbei über die Brücke fuhren. Auch im ausgetrockneten Flußbett, zwischen den weißgewaschenen Kieseln, standen zwei junge Soldaten, und Garek sagte, daß wir durch ein sehr beliebtes Übungsgebiet führen.

Serpentinen hinauf, über eine heiße Ebene, und durch die geöffneten Seitenfenster drang feiner Kalkstaub ein, brannte in den Augen; Kalkgeschmack lag auf den Lippen. Wir zogen die Jacketts aus. Nur Garek behielt sein Jackett an; er hielt immer noch das Mikrofon in der Hand und erläuterte mit sanfter Stimme die Kultivierungspläne, die sie in der Regierung für dieses tote Land ausgearbeitet hatten. Ich sah, daß mein Nebenmann die Augen geschlossen, den Kopf zurückgelegt hatte; seine Lippen waren trocken und kalkblaß, die Adern der Hände, die auf dem vernickelten Metallgriff lagen, traten bläulich hervor. Ich wollte ihn in die Seite stoßen, denn mitunter traf uns ein Blick aus dem Rückspiegel, Gareks melancholischer Blick, doch während ich es noch überlegte, stand Garek auf, kam lächelnd über den schmalen Gang nach hinten und verteilte Strohhalme und eiskalte Getränke in gewachsten Papptüten.

Gegen Mittag fuhren wir durch ein Dorf; die Fenster waren mit Kistenholz vernagelt, die schäbigen Zäune aus trockenem Astwerk löcherig, vom Wind der Ebene auseinandergedrückt. Auf den flachen Dächern hing keine Wäsche zum Trocknen. Der Brunnen war abgedeckt; kein Hundegebell verfolgte uns, und nirgendwo erschien ein Gesicht. Der Bus fuhr mit unverminderter Geschwindigkeit vorbei, eine graue Fahne von Kalkstaub hinter sich herziehend, grau wie eine Fahne der Resignation.

Wieder kam Garek über den schmalen Gang nach hinten, verteilte Sandwiches, ermunterte uns höflich und versprach, daß es nicht mehr allzu lange dauern würde, bis wir unser Ziel erreicht hätten. Das Land wurde hügelig, rostrot; es war jetzt von großen Steinen bedeckt, zwischen denen kleine farblose Büsche wuchsen. Die Straße senkte sich, wir fuhren durch einen tunnelartigen Einschnitt. Die Halbrundungen der Sprenglöcher warfen schräge Schatten auf die zerrissenen Felswände. Eine harte Glut schlug in das Innere des Busses. Und dann öffnete sich die Straße, und wir sahen das von einem Fluß zerschnittene Tal und das Dorf neben dem Fluß.

Garek gab uns ein Zeichen, Ankündigung und Aufforderung; wir zogen die Jacketts an, und der Bus fuhr langsamer und hielt auf einem lehmig verkrusteten Platz, vor einer sauber gekalkten Hütte. Der Kalk blendete so stark, daß beim Aussteigen die Augen schmerzten. Wir traten in den Schatten des Busses, wir schnippten die Zigaretten fort. Wir blickten aus zusammengekniffenen Augen auf die Hütte und warteten auf Garek, der in ihr verschwunden war.

Es dauerte einige Minuten, bis er zurückkam, aber er kam zurück, und er brachte einen Mann mit, den keiner von uns je zuvor gesehen hatte.

»Das ist Bela Bonzo«, sagte Garek und wies auf den Mann; »Herr Bonzo war gerade bei einer Hausarbeit, doch er ist bereit, Ihnen auf alle Fragen zu antworten.«

Wir blickten freimütig auf Bonzo, der unsere Blicke ertrug, indem er sein Gesicht leicht senkte. Er hatte ein altes Gesicht, staubgrau; scharfe, schwärzliche Falten liefen über seinen Nacken; seine Oberlippe war geschwollen. Bonzo, der gerade bei einer Hausarbeit überrascht worden war, war sauber gekämmt, und die verkrusteten Blutspuren an seinem alten, mageren Hals zeugten von einer heftigen und sorgfältigen Rasur. Er trug ein frisches Baumwollhemd, Baumwollhosen, die zu kurz waren und kaum bis zu den Knöcheln reichten; seine Füße steckten in neuen, gelblichen Rohlederstiefeln, wie Rekruten sie bei der Ausbildung tragen.

Wir begrüßten Bela Bonzo, jeder von uns gab ihm die Hand, dann nickte er und führte uns in sein Haus. Er lud uns ein, voranzugehen, wir traten in eine kühle Diele, in der uns eine alte Frau erwartete; ihr Gesicht war nicht zu erkennen, nur ihr Kopftuch leuchtete in dem dämmrigen Licht. Die Alte bot uns faustgroße, fremde Früchte an, die Früchte hatten ein saftiges Fleisch, das rötlich schimmerte, so daß ich am Anfang das Gefühl hatte, in eine frische Wunde zu beißen.

Wir gingen wieder auf den lehmigen Platz hinaus. Neben dem Bus standen jetzt barfüßige Kinder; sie beobachteten Bonzo mit unerträglicher Aufmerksamkeit, und dabei rührten sie sich nicht und sprachen nicht miteinander. Nie trafen ihre Blicke einen von uns. Bonzo schmunzelte in rätselhafter Zufriedenheit.

»Haben Sie keine Kinder?« fragte Pottgießer.

Es war die erste Frage, und Bonzo sagte schmunzelnd:

»Doch, doch, ich hatte einen Sohn. Wir versuchen gerade, ihn zu vergessen. Er hat sich gegen die Regierung aufgelehnt.

Er war faul, hat nie etwas getaugt, und um etwas zu werden, ging er zu den Saboteuren, die überall für Unruhe sorgen. Sie kämpfen gegen die Regierung, weil sie glauben, es besser machen zu können.« Bonzo sagte es entschieden, mit leiser Eindringlichkeit; während er sprach, sah ich, daß ihm die Schneidezähne fehlten.

»Vielleicht würden sie es besser machen«, sagte Pottgießer. Garek lächelte vergnügt, als er diese Frage hörte, und Bonzo sagte:

»Alle Regierungen gleichen sich darin, daß man sie ertragen muß, die einen leichter, die andern schwerer. Diese Regierung kennen wir, von der anderen kennen wir nur die Versprechungen.«

Die Kinder tauschten einen langen Blick.

»Immerhin ist das größte Versprechen die Unabhängigkeit«, sagte Bleiguth.

»Die Unabhängigkeit kann man nicht essen«, sagte Bonzo schmunzelnd. »Was nützt uns die Unabhängigkeit, wenn das Land verarmt. Diese Regierung aber hat unsern Export gesichert. Sie hat dafür gesorgt, daß Straßen, Krankenhäuser und Schulen gebaut wurden. Sie hat das Land kultiviert und wird es noch mehr kultivieren. Außerdem hat sie uns das Wahlrecht gegeben.«

Eine Bewegung ging durch die Kinder, sie faßten sich bei den Händen und traten unwillkürlich einen Schritt vor. Bonzo senkte das Gesicht, schmunzelte in seiner rätselhaften Zufriedenheit, und als er das Gesicht wieder hob, suchte er mit seinem Blick Garek, der bescheiden hinter uns stand.

»Schließlich«, sagte Bonzo, ohne gefragt worden zu sein, »gehört zur Unabhängigkeit auch eine gewisse Reife. Wahrscheinlich könnten wir gar nichts anfangen mit der Unabhängigkeit. Auch für Völker gibt es ein Alter, in dem sie mündig werden: wir haben dieses Alter noch nicht erreicht. Und ich bin ein Freund dieser Regierung, weil sie uns in unserer Unmündigkeit nicht im Stich läßt. Ich bin ihr dankbar dafür, wenn Sie es genau wissen wollen.«

Garek entfernte sich zum Bus, Bonzo beobachtete ihn aufmerksam, wartete, bis die schwere Bustür zufiel und wir allein dastanden auf dem trockenen, lehmigen Platz. Wir waren unter uns, und Finke vom Rundfunk wandte sich mit einer schnellen Frage an Bonzo: »Wie ist es wirklich? Rasch, wir sind allein.« Bonzo schluckte, sah Finke mit einem Ausdruck von Verwunderung und Befremden an und sagte langsam: »Ich habe Ihre Frage nicht verstanden.«

»Jetzt können wir offen sprechen«, sagte Finke hastig.

»Offen sprechen«, wiederholte Bonzo bedächtig und schmunzelte breit, so daß seine Zahnlücken sichtbar wurden.

»Was ich gesagt habe, ist offen genug: wir sind Freunde dieser Regierung, meine Frau und ich; denn alles, was wir sind und erreicht haben, haben wir mit ihrer Hilfe erreicht. Dafür sind wir ihr dankbar. Sie wissen, wie selten es vorkommt, daß man einer Regierung für irgendwas dankbar sein kann – wir sind dankbar. Und auch mein Nachbar ist dankbar, ebenso wie die Kinder dort und jedes Wesen im Dorf. Klopfen Sie an jede Tür, Sie werden überall erfahren, wie dankbar wir der Regierung sind.«

Plötzlich trat Gum, ein junger, blasser Journalist, auf Bonzo zu und flüsterte: »Ich habe zuverlässige Nachricht, daß Ihr Sohn gefangen und in einem Gefängnis der Hauptstadt gefoltert wurde. Was sagen Sie dazu?«

Bonzo schloß die Augen, Kalkstaub lag auf seinen Lidern; schmunzelnd antwortete er: »Ich habe keinen Sohn, und darum kann er nicht gefoltert worden sein. Wir sind Freunde der Regierung, hören Sie? Ich bin ein Freund der Regierung.«

Er zündete sich eine selbstgedrehte, krumme Zigarette an, inhalierte heftig und sah zur Bustür hinüber, die jetzt geöffnet wurde. Garek kam zurück und erkundigte sich nach dem Stand des Gesprächs. Bonzo wippte, indem er die Füße von den Hacken über die Zehenballen abrollen ließ. Er sah aufrichtig erleichtert aus, als Garek wieder zu uns trat, und er beantwortete unsere weiteren Fragen scherzhaft und ausführlich, wobei er die Luft mitunter zischend durch die vorderen Zahnlücken entweichen ließ.

Als ein Mann mit einer Sense vorüberging, rief Bonzo ihn an; der Mann kam mit schleppendem Schritt heran, nahm die Sense von der Schulter und hörte aus Bonzos Mund die Fragen, die wir zunächst ihm gestellt hatten. Der Mann schüttelte unwillig den Kopf: er war ein leidenschaftlicher Freund der Regierung, und jedes seiner Bekenntnisse quittierte Bonzo mit stillem Triumph. Schließlich reichten sich die Männer in unserer Gegenwart die Hand, wie um ihre gemeinsame Verbundenheit mit der Regierung zu besiegeln.

Auch wir verabschiedeten uns, jeder von uns gab Bonzo die Hand – ich zuletzt; doch als ich seine rauhe, aufgesprungene Hand nahm, spürte ich eine Papierkugel zwischen unseren Handflächen. Ich zog sie langsam, mit gekrümmten Fingern ab, ging zurück und schob die Papierkugel in die Tasche. Bela Bonzo stand da und rauchte in schnellen, kurzen Stößen; er rief seine Frau heraus, und sie, Bonzo und der Mann mit der Sense beobachteten den abfahrenden Bus, während die Kinder einen mit Steinen und jenen farblosen kleinen Büschen bedeckten Hügel hinaufstiegen.

Wir fuhren nicht denselben Weg zurück, sondern überquerten die heiße Ebene, bis wir auf einen Eisenbahndamm stießen, neben dem ein Weg aus Sand und Schotter lief. Während dieser Fahrt hielt ich eine Hand in der Tasche, und in der Hand die kleine Papierkugel, die einen so harten Kern hatte, daß die Fingernägel nicht hineinschneiden konnten, sosehr ich auch drückte. Ich wagte nicht, die Papierkugel herauszunehmen, denn von Zeit zu Zeit erreichte uns Gareks melancholischer Blick aus dem Rückspiegel. Ein schreckhafter Schatten flitzte über uns hinweg und über das tote Land; dann erst hörten wir das Propellergeräusch und sahen das Flugzeug, das niedrig über den Eisenbahndamm flog in Richtung zur Hauptstadt, kehrtmachte am Horizont, wieder über uns hinwegbrauste und uns nicht mehr allein ließ.

Ich dachte an Bela Bonzo, hielt die Papierkugel mit dem harten Kern in der Hand, und ich fühlte, wie die Innenfläche meiner Hand feucht wurde. Ein Gegenstand erschien am Ende des Bahndamms und kam näher, und jetzt erkann-

ten wir, daß es ein Schienenauto war, auf dem junge Soldaten saßen. Sie winkten freundlich mit ihren Maschinenpisto-
len zu uns herüber. Vorsichtig zog ich die Papierkugel heraus, sah sie jedoch nicht an, sondern schob sie schnell in die
kleine Uhrtasche, die einzige Tasche, die ich zuknöpfen
konnte. Und wieder dachte ich an Bela Bonzo, den Freund
der Regierung: noch einmal sah ich seine gelblichen Roh-
lederstiefel, die träumerische Zufriedenheit seines Gesichts
und die schwarzen Zahnlücken, wenn er zu sprechen begann.
Niemand von uns zweifelte daran, daß wir in ihm einen auf-
richtigen Freund der Regierung getroffen hatten.

Am Meer entlang fuhren wir in die Hauptstadt zurück; der
Wind brachte das ziehende Kußgeräusch des Wassers herüber,
das gegen die unterspülten Felsen schlug. An der Oper stiegen
wir aus, höflich verabschiedet von Garek. Allein ging ich ins
Hotel zurück, fuhr mit dem Lift in mein Zimmer hinauf, und
auf der Toilette öffnete ich die Papierkugel, die der Freund
der Regierung mir heimlich anvertraut hatte: sie war un-
beschrieben, kein Zeichen, kein Wort, doch eingewickelt lag
im Papier ein von bräunlichen Nikotinspuren bezogener
Schneidezahn. Es war ein menschlicher, angesplitterter Zahn,
und ich wußte, wem er gehört hatte.

## Christoph Meckel: Mein König

Nach einer anstrengenden Konferenz, in deren Verlauf mein
König zwei seiner Staatsräte erschoß, weil er sich durch
ihre offenherzigen Proteste in einer Sache gekränkt fühlte,
lud mich mein König zu einem Spaziergang durch die Parkanlagen der Residenzstadt ein. Wir waren beide erschöpft,
hatten das Bedürfnis uns die Köpfe zu kühlen, und da der
Nachmittag schön war, widerstrebte ich nicht und begleitete
meinen König.

Wir gingen ziemlich ungesprächig durch die Parkanlagen und
kamen schließlich an einem inmitten von weitläufigen Wie-

senanlagen errichteten Gegenstand vorbei, der die Aufmerksamkeit meines Königs auf sich zog.

Sieh mal an, Kanduze, sagte mein König halb zweifelnd, halb belustigt, was für ein amüsanter Kiosk in meinen Parkanlagen! Ich habe ihn noch nie bemerkt; was hältst du davon.

Er ist vor kurzem errichtet worden, mein König, antwortete ich. Warum hat man mich nicht zur Einweihung eingeladen, fragte mein König und sah mich mißtrauisch an.

Mein König möge verzeihn, antwortete ich, es hat keine Einweihung stattgefunden.

Wir gingen um die Anlagen herum, in deren Mitte der beachtete Gegenstand, der größere Ausmaße hatte, seinen Platz einnahm. Mein König schien sich sehr für ihn zu interessieren, denn er bemerkte nach einer Weile:

Was meinst du, Kanduze, könnte man nicht trotz der Verbotsschilder die Wiesenanlagen betreten, sich diesem ... diesem Kiosk nähern, um ihn ein wenig aus der Nähe zu betrachten?

Mein König möge bedenken, sagte ich, daß sich noch andre Spaziergänger im Park befinden und daß es Befremden und Empörung erregen könnte, wenn sich mein König, der die Verbotsschilder am Rand der Parkanlagen aufzustellen befahl, selbst und als erster darüber hinwegsetzen würde. Wie mein König weiß, werden die Übertreter des Verbots geköpft. Du magst recht haben, sagte mein König verstimmt. Meinetwegen, betrachten wir uns eben den Kiosk aus der Entfernung. Mein König möge verzeihn, sagte ich, aber im allgemeinen hält man diesen ... diesen Kiosk nicht nur für einen Kiosk, wie mein König sich ausdrückt, sondern man neigt dazu, in diesem Kiosk, in diesem Bauwerk ein Kriegerdenkmal zu sehn.

Ein Kriegerdenkmal? Mein König war bestürzt. Aber sieh doch nur, Kanduze ...

Gewiß, antwortete ich, aber ich selbst, mein König, neige dazu, dieses Bauwerk unter Umständen für ein Kriegerdenkmal zu halten.

Das ist ... das ist jedenfalls ein Kiosk, sagte mein König heftig, ich sehe deutlich, daß dies ein Kiosk und nichts andres als ein Kiosk ...

Mein König möge versichert sein, unterbrach ich meinen König, daß es sich hier ebensogut um ein Kriegerdenkmal handeln kann. Mein bestimmter Ton schien den König zu verwirren, er antwortete nicht sofort und erst nach einer Weile, während wir in Gedanken versunken und wohl zum vierten oder fünften Male um die Anlage liefen, sagte mein König:

Und ich behaupte, daß es sich hier um einen Kiosk handelt und keinesfalls um ein Kriegerdenkmal. Ein Kriegerdenkmal also, sagst du, Kanduze?

Mein König sagt es, antwortete ich.

Ich glaube dir nicht, sagte mein König mit kurzem Seitenblick.

Nun, Glauben oder Nichtglauben ist Sache meines Königs, antwortete ich.

Und du bestehst darauf, fragte mein König.

Möglicherweise, antwortete ich.

Hm, sagte mein König, wollen wir nicht weiter gehn?

Wir setzten unsern Weg fort, liefen durch andere Teile des Parks und kamen auf dem Rückweg wieder an dem Gegenstand vorbei.

Um noch einmal darauf zurückzukommen, sagte mein König, du bist also nach wie vor der Ansicht, es handle sich um ein Kriegerdenkmal?

Allerdings, mein König, antwortete ich. Und ich bin, falls mein König erlaubt, inzwischen, und bei längerer Betrachtung des Gegenstandes, sogar geneigt, den Kiosk meines Königs für ein Wasserhäuschen zu halten, ohne damit freilich mein Kriegerdenkmal ohne weiteres zu bestreiten.

Aber wie kommst du auf die Idee, es könnte ein Wasserhäuschen ..., rief mein König aufgebracht und mit starker Stimme.

Von einer Idee kann hier nicht die Rede sein, antwortete ich höflich, ich möchte auch die Ansicht, es handle sich um einen

Kiosk, keineswegs bestreiten, sondern nur, wie gleichfalls mein Kriegerdenkmal, in Frage stellen. Wie jedermann weiß, ist das ein Unterschied.

Aber so halt dich doch an das, was du siehst, du … zum Donnerwetter, brüllte mein König.

Mein König möge verzeihn, antwortete ich ruhig, das tue ich. Aber was ich sehe, schließt keine der angedeuteten Möglichkeiten aus. Das Volk ist ebenfalls geteilter Meinung. Die einen sprechen von einem Musikpavillon, die andern von einem Bildstöckl, andre wollen darin eine moderne Kultstätte erkennen. Es gibt sogar freche Zungen, die von einer Bedürfnisanstalt sprechen. Ich möchte aber, wenn es meinen König nicht allzusehr ermüdet, noch eine weitere, und wie ich glaube, wesentliche Möglichkeit in Betracht ziehn …

Nein, sagte mein König gereizt, ich bin ohnehin überzeugt, wirklich, ich glaube nun, ich sehe, freilich, ich sehe doch …

Schweigend setzten wir unsern Weg fort, und ich empfand das Verhalten meines Königs als etwas störend für mein Wohlbefinden.

Am nächsten Tag ließ mir mein König durch einen Vertrauten das Mittagessen in meine Gemächer schicken. Der Vertraute hatte die Weisung erhalten, nach angemessener Zeit das Geschirr wieder abzuholen. Ich aß vorsichtig, da ich mich noch sehr deutlich eines Vorfalls entsann, der, mein Leben äußerst gefährdend, auf einer Jagd stattgefunden hatte, zu der mein König mich vor ein paar Wochen eingeladen, das heißt: befohlen hatte. Ich stellte den Wein auf das Tablett zurück, denn er hatte einen fremdartigen Geruch. Das übrige roch und schmeckte, wie es riechen und schmecken mußte. Der Vertraute kam wieder und nahm das Geschirr mit sich fort samt dem Wein. Wenig später meldete mir mein Diener, daß der Vertraute unsres Königs mit dem Geschirr die Treppe hinuntergefallen sei, alles liege in Scherben und der Vertraute unsres Königs selbst sei soeben mit Schaum vor dem Mund zur ewigen Ruhe eingegangen.

An meinen König schrieb ich, bevor ich, zur selben Stunde noch, das Land verließ, folgende Adresse:

Ich bedaure, daß mein König seinem Vertrauten eine so mangelhafte Erziehung gegeben hat, ihn so schlecht ernährt oder kurz hält, daß, wie soeben vorgefallen, der Vertraute meines Königs den Wein, den mein König mir, Kanduze, zu übersenden sich veranlaßt sah, während des Wegtragens im Treppenhaus austrank. Ich bedaure den Vorfall, denn der Vertraute verschied an den Folgen, die mir, mein König, gegolten haben. Gegolten haben offenbar wegen der freimütigen Ansichten, die ich bezüglich des bewußten Gegenstandes zu äußern mir erlaubte. Und wenn ich meinem König auch schwerlich empfehlen kann, daraus andre Konsequenzen zu ziehen als die, die mein König gezogen hat, so sehe ich mich doch meinerseits verpflichtet, mich aus Gründen meiner Erhaltung und Selbstachtung unverzüglich zu empfehlen ...

Man erzählte mir später, er habe getobt und sechs Spiegel zerschlagen. Ich halte das durchaus für möglich, bezweifle aber, daß außerdem etwas Nennenswertes in ihm vorgegangen ist.

## Josef Reding: Fenzens Platzwechsel

Auf dem Plakat lächelte ein Lindwurm in kurzen Hosen und unter einem Feuerwehrhelm. Ich ging so langsam an der Litfaßsäule vorbei, daß ich auch die senfgelben Schriftbalken lesen konnte: Gastspiel der Studentenbühne Cartagena in Herne-Baukau. Tirso de Molinas Frühwerk »El convidado de piedra«, Regie Umberto Gal ...

Da brach neben dem Plakat ein Mann zusammen. Nicht plötzlich. Nicht wie vom Blitz gefällt, wie es so in Schlachtbeschreibungen steht. Der Mann in der Lodenjoppe sackte mit dem Gesicht zur Litfaßsäule langsam in die Knie. Er glitt mit der Stirn an einer Strumpfreklame herunter. Die Arme schlackerten wie knochenlos. Als die Fingerspitzen die Bordsteine berührten, knickten die breiten Hände in den Gelenken ein. Dann kauerte der Mann vor der Säule. Er lag unterwürfig vor den Schreien aus Bunt. Er lag unheldisch: den Hintern hoch. Über den Batzen hatte seine karierte Hose starken Glanz.

Wenn Romeo so stirbt, wird Julia am Leben bleiben wollen, dachte ich. Und ich dachte noch mehr: Kotau vor dem Tempel der Werbung... Kreatur, erschlagen von papiernen Lügen... Die große Anrufung des Herrn Litfaß... Ich kann mir diese Gedanken nicht übelnehmen; ich denke oft so. Das kommt von meiner künstlerischen Leitung der Freilichtbühne von Bochum-Altenbochum. Sonst bin ich Kontakter bei Pohlbrock-Fußbodenbelag.

Zu gleicher Zeit wie ich griff noch ein anderer zu, ein Jüngling, der vorher mit frommen Heften vor der Brust vorm Areg-Restaurant gestanden hatte; wo die Hefte geblieben waren, wußte ich nicht. Jedenfalls hatte der Jüngling die Hände frei.

Die Hände schob er vom Rücken her unter den Achseln des Mannes durch. Über den Hirschhornknöpfen der Lodenjoppe schränkte er die Finger ineinander. Beine! kommandierte er dann. Ich packte den Mann an den Fußknöcheln.

Der Mann war schwer; seine Absatzkanten drückten sich tief in meine Handballen. Sein Gesicht war siebzigjährig und blaurot.

Wir trugen den Mann auf den Rasen des Stadtgartens, der sich hier bis an die Straße schiebt. Der Jüngling beugte sich hinunter und öffnete die Lodenjoppe und den Kragenknopf. Jetzt merkte ich erst, daß es um den Mann von säuerlichem Alkohol dunstete. Sliwowitz, sagte der Jüngling. Etwa acht Sliwowitz und entsprechend Kronenbier.

Ich wunderte mich, daß der fromme Jüngling das so präzise aus der Atemfahne herausschnüffeln konnte. Aber vielleicht kam das daher, weil er ganze Nachmittage vor der Areg stehen mußte.

Jetzt lief der Jüngling weg und holte eine abgemeierte Postbotentasche, die er fallengelassen hatte. Die Tasche war mit erbaulichen Schriften prall gefüllt. Der Jüngling hob nicht ohne Zärtlichkeit den Hinterkopf des Alten hoch und schob die Tasche darunter. Dabei sagte er: Ich fürchte, der Mitbruder ist schon verblichen.

Ich fand den Ausdruck »verblichen« unangemessen: das Gesicht des Mannes hatte noch nichts von dem Lila verloren.

Seine Stirn blutet ja noch, sage ich und wies auf die Schürfwunde.

Ich lauf zum Telefon, sagte der Jüngling. Unfallwagen anru...

Iss watt los? fragte der Alte.

Wir freuten uns, daß der Mann sprach. Aber nach einem ersten Lächeln wurde der Jüngling streng. Er sagte: Mitbruder, du hast sicher manches in deinem Leben gemacht, was nicht in Ordnung war.

Der Alte in der Lodenjoppe sagte nur: Fenzen.

Wie? fragte der Jüngling.

Fenzen, sagte der Alte mühsam. Ich heiße Fenzen, Karlrudolf Fenzen.

Edgar Luckerle, Platzprediger, sagte der Jüngling.

Auch ich nannte meinen Namen. Es war alles sehr gemessen. Beinahe feierlich. Bis der Platzprediger wiederum mahnte: Mitbruder Fenzen, bedenke deine großen Fehler, die ganz großen. Die größten.

Fenzen stemmte seinen Oberkörper auf den Ellenbogen etwas hoch. Größter Fehler, sagte er gepreßt und nickte.

Der Platzprediger hatte jetzt ein zufriedenes Gesicht wie ein Kripomensch, dessen ausgewrungenes Verhöropfer sich im Morgengrauen zum allumfassenden Geständnis entschließt.

Größter Fehler, ja... ja. Fenzen ächzte. Lange her. Mehr... mehr als dreißig – Jahre.

Und? fragte der Jüngling mit sanftem Nachdruck.

Der Mann auf dem staubigen Gras schaute prüfend in unsere Gesichter.

Da wart ihr beiden noch gar nicht geboren. Habt... habt höchstens noch in die Windeln gemacht... Fußball – Deutschland gegen Belgien.

Das Gesicht des Mannes verlor allmählich die Schlagflußfarbe.

Hatte 'nen Freifahrtschein nach Rom. Gewonnen. Bei Krüde-wagen anne Ecke. Ledergeschäft. Der Inhaber hatte ein Faß ins Schaufenster gestellt, 'ne richtige Heringstonne. Und ... das Faß war voll mit Fußballschuh-Stollen. Wer genau riet, wieviel Stollen drin waren, kriegte den ersten Preis. Besuch der Weltmeisterschaft. Mit Fahrkarte, Tribünenplatz. Ta-schengeld. Hatte Glück. Schrieb 287 auf den Zettel. Bin am 28. 7. geboren.

Fenzens Stimme klang jetzt wieder frei. Er setzte sich auf und knöpfte die Lodenjoppe zu. Ich ab nach Rom. Das spannendste war das Spiel gegen Belgien. Mit Fritz Szepan vom Schalker Kreisel, Lehner, Kobierski, Siffling. Wir führten drei zu zwei. Hamse was zu trinken?

Nein, sagte der Jüngling. Soll ich ein Glas Wasser ...

Greif mal hier inne Seitentasche. Da hab ich noch ein Wässer-chen. Der Alte blinzelte.

Der Jüngling holte eine Flachflasche aus der Lodenjoppe. Er roch daran und schüttelte mißbilligend den Kopf. Ich stieß ihn in die Rippen. Da gab er dem Alten die Flasche. Der trank einen Schluck und machte prrrrrr. Dann erzählte er weiter: Neben mir saß ein Italiener, der mir gerade bis zur Brust reichte. Cambiare place oder so ähnlich sagte er zu mir. Tauschen Platz. Ich nix sehen! Ich guck auf's Spielfeld. Kobierski macht gerade 'nen Einwurf aus dem Aus. Ich sag si, si und steh auf und geh rüber. Da brüllt das ganze Sta-dion auf: Conen hatte den Ball direkt von Kobierski auf den Latschen gekriegt und bei Vandewijer reingeschoben. Die Belgier Abseits reklamiert. Aber Schiedsrichter Mattea blieb hart.

Fenzen stand jetzt ohne Hilfe auf.

Und ich Waldheini hab durch den Platzwechsel das Tor ver-säumt. Wollte menschlich sein. Später fragten mich alle bei Hibernia in Wanne-Eickel, wo ich damals Maloche hatte, wie iss denn datt vier zu zwei gefallen? Da mußte ich das zu-sammenrücken, was ich davon gehört hatte. Grün und blau hab ich mich darüber geärgert. Aber aus solchen Fehlern, da könnt ihr Gift drauf nehmen, da lernt man was draus.

Edgar Luckerle, der Platzprediger, setzte zu einer offenbar langen Rede an. Mitbruder Fenzen, sagte er, ich meinte es ganz anders, wenn ich nach den Fehlern fragte. Das Grundübel des Menschen besteht im gestörten Verhältnis seiner Existenz zur Allmacht der ...

Schönen Dank, daß ihr mir geholfen habt, sagte Fenzen. Hab in der letzten Zeit öfter so einen Bildausfall im Gehirnskasten. Mit einemmal bleibt die Puste weg und dann ist's düster. Aber nach'n paar Minuten ist alles wieder da. Bis jetzt jedenfalls.

Der Alte klopfte bedächtig seine Hose und die Lodenjoppe ab. Bis jetzt, sagte er noch einmal und grinste uns so an, als ob er noch eine Menge für sich behalten hätte.

Der Alte ging zur Litfaßsäule zurück und beguckte sich den lächelnden Lindwurm mit den kurzen Hosen und dem Feuerwehrhelm.

Wir gingen vom Rasen herunter auf den Bürgersteig, wo wir uns wohler fühlten. Der Körper des Alten hatte eine Delle im behördlichen Grün hinterlassen. Sowas kann Folgen haben.

## Günter Wallraff: Am Band

Eine Frau arbeitet mich ein. Sie ist schon vier Jahre am Band und verrichtet ihre Arbeit »wie im Schlaf«, wie sie selbst sagt. Ihre Gesichtszüge sind verhärtet wie bei einem Mann.

Nach zwei Tagen Einarbeitung wird die Frau versetzt zum Wagenwaschen. Damit ist sie nicht einverstanden. Sie fürchtet um ihre Hände, die vom Benzin ausgelaugt werden. Aber danach fragt keiner.

Punkt 15.10 Uhr ruckt das Band an. Nach drei Stunden bin ich selbst nur noch Band. Ich spüre die fließende Bewegung des Bandes wie einen Sog in mir.

J., vom Band nebenan, 49 Jahre alt, erinnert sich an frühere Zeiten: »Da ging es noch gemütlicher am Band her. Wo früher an einem Band drei Fertigmacher waren, sind heute an zwei Bändern vier. Hin und wieder kommt der Refa-Mann mit der Stoppuhr und beobachtet uns heimlich. Aber den kenne ich schon. Dann weiß ich, bald wird wieder jemand eingespart oder es kommt Arbeit dazu.« Aber J. beklagt sich nicht. »Man gewöhnt sich daran. Hauptsache, ich bin noch gesund. Und jede Woche ein paar Flaschen Bier.« Jeden Tag, nach Schichtende, 23.40 Uhr, setzt er noch ein paar Überstunden dran und kehrt mit zwei andern unseren Hallenabschnitt aus.

Einer von meinem Bandabschnitt erzählt, wie der dauernde Schichtwechsel am Band »langsam aber sicher« seine Ehe kaputt mache. Er ist jungverheiratet – ein Kind – seit zwei Monaten neu am Band. »Wenn ich nach Hause komme, bin ich so durchgedreht und fertig, daß mich jeder Muckser vom Kind aufregt. Für meine Frau bin ich einfach nicht ansprechbar. Ich sehe es kommen, daß sie sich noch scheiden läßt. Bei der Spätschicht ist es am allerschlimmsten. Meine Frau ist jetzt für eine Zeitlang mit dem Kind zu ihrer Mutter gezogen. Aber das ist mir fast lieber so.«

Wer am Band mein Meister ist, weiß ich nicht. Es kam einmal jemand vorbei – an seinem hellbraunen Kittel ein Schildchen »Meister Soundso« – und fragte nach meinem Namen. Er sagte: »Ich weiß, Sie sind neu. Ich komme jeden Tag hier mal vorbei . . .«

Die vor mir am Band arbeiten und die hinter mir, kenne ich nicht. Ich weiß nicht was die anderen arbeiten. Manchmal begegnen wir uns am Band im gleichen Wagen. Sie sind mit der Montage an ihrem Abschnitt nicht fertig geworden und in mein Revier abgetrieben worden, oder umgekehrt. Dann sind wir uns gegenseitig im Weg. Da schlägt mir einer eine Wagentür ins Kreuz oder ich beschütte einen mit Lack, der mich angestoßen hat. Entschuldigt wird sich nicht. Jeder ist so von seinen Handgriffen in Anspruch genommen, daß er den andern einfach übersieht. Das Zermürbende am Band ist die ewige Eintönigkeit, das nicht Haltmachen können, das Ausgeliefertsein. Die Zeit vergeht quälend langsam, weil sie nicht ausgefüllt ist. Sie erscheint leer, weil nichts geschieht, was mit dem wirklichen Leben zu tun hat.

Wie bei G. ›rationalisiert‹ wird, bekomme ich selbst zu spüren.

Bei Schichtbeginn wird den Lackierern mitgeteilt: »Ein bedauerlicher Produktionsfehler hat sich irgendwo vorn am Band eingeschlichen. Der Fehler wird bereits wieder abgestellt. Aber für ein paar Stunden laufen noch die alten Wagen. Die Lackierer müssen die Schäden halt hier ausbügeln.«

Das ›Ausbügeln des Produktionsfehlers‹ besteht im zusätzlichen Streichen von zwei nicht lackierten und schlecht zugänglichen Stellen. Man muß dafür in jedes G-Modell reinkriechen. Erscheinen einige Modelle hintereinander auf dem Band – das kommt alle paar Minuten vor –, schlagen wir uns doppelt. Beim besten Willen ist es kaum zu schaffen. Wir geraten ins ›Schwimmen‹ und hängen dauernd vorn. Unsere Schicht geht zu Ende und der ›Produktionsfehler‹ läuft immer noch. Auch am nächsten Tag hat er sich noch nicht wieder ›herausgeschlichen‹. Als er auch am dritten Tag noch da ist, glauben wir nicht mehr an einen ›Fehler‹, und nach einer Woche wissen wir, daß wieder mal ›rationalisiert‹ wurde. Auch bei den Fertigmachern ist ›rationalisiert‹ worden. Man hat auf ihre Kosten zwei Inspekteure eingespart. Jetzt müssen sie deren Arbeit noch außer ihrer eigenen verrichten.

Es fällt auf, daß die meisten am Band sehr jung sind. In der Regel zwischen 20 und 30. Keiner ist über 50. Ich habe herumgefragt und keinen gefunden, der länger als 15 Jahre am Band ist.

Einige sind vom Band gezeichnet. Die Hände eines Türeinpassers fangen regelmäßig an zu zittern, wenn er nicht fertig wird und hinter den Wagen herlaufen muß.

Ein anderer unterhält sich nur brüllend, auch wenn man dicht neben ihm steht. Er war mehrere Jahre an einem Bandabschnitt eingesetzt, wo ein solcher Lärm herrschte, daß man brüllen mußte, um sich zu verständigen. Er hat dieses Brüllen beibehalten.

Einer erzählt mir, daß ihm »das Band sogar nachts keine Ruhe läßt«. Er richte sich oft im Schlaf auf und vollführe mechanisch die Bewegungen der Handgriffe, die er tagsüber stereotyp verrichten muß.

Viele haben bei der Arbeit einen nervösen, gereizten Ausdruck im Gesicht. Oder einen starren Blick. Das sind diejenigen, die meist schon jahrelang dabei und inzwischen abgestumpft sind, die nicht mehr wahrnehmen, was um sie herum vorgeht. Auch in der halbstündigen Pause ist Thema Nr. 1 die Unzufriedenheit mit der Arbeit. Und daß sich die Arbeiter betrogen fühlen. »Wir sind doch nur Handlanger der Maschine. Hauptsache, die Produktionszahlen stimmen!« »Wer bedeutet hier schon mehr als seine siebenstellige Nummer?« (Je niedriger die Kontrollnummer ist, um so höher ist ihr Besitzer eingestuft.)

Jemand klagt: »Ich war über fünf Jahre bei G., ohne einmal krank gewesen zu sein, als ich einen Unfall hatte. Dann aber schickte man mir jeden dritten Tag eine neue Vorladung zum Vertrauensarzt. Bis es dem zu bunt wurde und er sagte: »Ob und wann Sie arbeitsfähig sind, das bestimme immer noch ich«. Es kam mir so vor, als ob diese Vorladungen schematisch von einer Maschine ausgestellt würden. Denn mein Meister kannte mich doch und wußte, daß ich nicht ohne Grund krankfeierte.«

Ein anderer: »Wer alt wird und das Tempo nicht mehr mithält, bekommt einen Tritt. Er hat ausgedient und seine Schuldigkeit getan. Er kann gehen oder erhält eine schlechter bezahlte Arbeit zugeteilt.« Ein dritter hat einen schweren Unfall gehabt. »Der Werksarzt bestimmte, daß ich für einige Monate in die Versehrtenabteilung käme. Er trug mir auf: »Sagen Sie das Ihrem Meister.« Der Meister ließ mich aber nicht weg. In den ersten drei Tagen half mir noch jemand bei der Arbeit. Dann mußte ich sie allein wie vorher machen. Die Unfallfolgen waren noch längst nicht auskuriert.«

Vor den Stempeluhren stauen sich die Massen. Alle warten ungeduldig auf das endgültige Klingelzeichen. Aber die Stempeluhr hält uns noch fest. »Wir stehen hier wie die Bekloppten!« empört sich ein 20jähriger Arbeiter, für den das Stempeln noch ungewohnt ist.

Endlich schrillt die elektrische Klingel. Die Stechkarte wird in den Schlitz gesteckt und der Hebel heruntergedrückt; die von hinten schieben.

Draußen rennen schon die ersten dem Ausgang zu. Sie versuchen, die ersten Busse zu erreichen, die eine halbe Minute nach Schichtende abfahren, oft leer.

Im Strom der nach draußen drängenden Arbeiter werde ich durch einen schmalen Gang hinausgeschwemmt.

Vorher noch die Kontrolle am Tor. Ich drücke den automatischen Kontrollknopf und halte dem Pförtner die geöffnete Aktentasche hin. Die automatische Kontrolllampe leuchtet ›rot‹ auf. Ich muß in eine Kabine, hinter dem Vorhang werde ich kurz abgetastet »auf eine eventuell unter der Jacke verborgene Kurbelwelle oder auf dem Körper versteckte kleinere Motorteile hin«, wie mir der Mann vom Werkschutz dabei erklärt.

Im Bus stellt der Schaffner lakonisch fest: »Man behandelt euch wie die Verbrecher!«

Ich stumpfe bei der monotonen Arbeit mehr und mehr ab. Vielleicht ist das die Gewöhnung. Eingespannt in den Rhythmus der wechselnden Schichten, bin ich nur noch für die Arbeit da. Essen, trinken, schlafen, zur Erhaltung der Arbeitskraft. Was darüber hinausreicht, ist Luxus, den man sich bei dieser Arbeit nicht oft leisten kann.

Mir ist der Zusammenhang des Produktionsablaufs fremd. Ich weiß, daß in der Y-Halle Tausende von Arbeitern beschäftigt sind. Wo und wie sie eingesetzt sind, weiß ich nicht. Ich weiß nicht einmal, was unmittelbar vor mir am Band geschieht.

Alle setzen ihre Hoffnungen aufs Lottospiel. »Wenn die sechs Richtigen kommen, bin ich am gleichen Tag hier weg!« An die Säule über dem Feuermelder hat jemand eine Karikatur geheftet: Ein Arbeiter, der auf das Fließband pißt. Darunter steht: »Sechs Richtige, ich kündige!!!«

Ich weiß mit Sicherheit, daß das normale Bandtempo oft

noch beschleunigt wird. Kein Meister gibt das zu, aber wir merken es, wenn wir trotz größter Anstrengung unsere Stellung nicht halten können und immer wieder aus unserem Bandbereich abgetrieben werden. Dann übersehe ich manches und werde andauernd vom Meister oder Inspektor nach vorn gerufen. Dadurch gerate ich in noch größere Zeitnot. Das Band rollt erbarmungslos weiter. Ich muß zu meinen Lacktöpfen zurück. Zwei, drei Wagen haben in der Zeit, wo ich vorn war, meine Stelle passiert, ich muß hinterher. Meine Arbeit wird immer flüchtiger und unsauberer. Wie zum Hohn ist auf jeden Laufzettel die Parole gedruckt: »Qualität ist unsere Zukunft!«

Einem Inspektor scheint es Genugtuung zu bereiten, seine Lackierer auf Trab zu bringen. Wenn er scharf pfeift, dann weiß der Betroffene gleich, daß er anzutanzen hat.

Donnerstagnachmittag findet für alle, die mit Lack zu tun haben, eine Feuerwehrübung statt. Der Werkfeuerwehrmeister weist jeden einzeln in die Bedienung der Handfeuerlöscher ein. Er erklärt, daß jeder einen Brand bis zum Eintreffen der Werkfeuerwehr »beherzt und mutig, unter persönlichem Einsatz« zu bekämpfen hat, um die »kostbaren Maschinen« zu retten. Wie man unter Umständen sein Leben retten kann, erklärt er nicht. Vor einer »sehr wirkungsvollen, automatischen Löschanlage« warnt er uns noch. Wenn in diesen Hallenabschnitten, wo die teuersten Maschinen montiert sind, Feuer ausbricht, schaltet sich automatisch die Lösch-Warnanlage ein. »Bei einem langanhaltenden Heulton müssen Sie innerhalb von 10 bis 15 Sekunden diesen Abschnitt verlassen haben. Sonst werden Sie durch die ausströmenden Chemikalien ohnmächtig und fallen den Flammen zum Opfer.« Zum Schluß stellt er noch die Vollzähligkeit der Versammelten fest. Die Deutschen ruft er mit »Herr . . .« auf, bei den italienischen, türkischen und griechischen Arbeitern läßt er diese Anrede fort.

Ich kenne keine Arbeiter, die außerhalb ihres Arbeitsplatzes Verbindung zueinander hätten. Der 56jährige T., der an dem stillstehenden Reparaturband eingesetzt ist, sagt dazu:

»Früher war das eine andere Zeit. Da kamen wir sonntags mit den Familien zusammen. Da haben wir noch zu fünf Mann ein ganzes Auto zusammengebaut. Wir hatten alle denselben ›Beruf‹ und waren noch was. Heute sind die Ungelernten gefragter. Die lassen alles mit sich machen.«

P., ein Fertigmacher, jungverheiratet, zwei Kinder: »Ich bin einfach gezwungen, regelmäßig Überstunden zu machen. Ich wohne in einer Werkswohnung, zwei Zimmer, 138 Mark. Jetzt soll die Miete auf 165 Mark erhöht werden. Die Firma nennt das ›Sozialwohnung‹. Ich nenn es ›Ausnützung der Wohnungsnot‹. Ich kann es mir auch nicht leisten, in den Ferien zu verreisen.«

Ein einziger aus unserem Hallenabschnitt verkörpert den deutschen ›Wirtschaftswunderarbeiter‹. Er ist kinderlos, 50 Jahre und fährt jedes Jahr mit seiner Frau im eigenen Wagen nach Italien. Jedes Jahr, Mitte Juli, geht er zur Mülheimer Kreditbank und nimmt einen Kredit über 2000 Mark auf, den er das Jahr über bis zum nächsten Urlaub abstottern muß.

Keiner hat gewußt, daß ich über meine Arbeit schreibe. Jetzt ist der Wirbel um so größer. Ich werde plötzlich von meinem Platz weggerufen. Ein Meister sagt: »Gehen Sie mit dem Herrn.« Der ›Herr‹ fragt: »Kennen Sie mich überhaupt?« Ich mustere ihn genauer. »Wie, Sie wissen nicht, wer ich bin?« Ich kenne ihn nicht. Er nennt seinen Namen und sagt: »Ich bin der Leiter in Ihrem Hallenabschnitt.«

Er führt mich durch die riesige Y-Halle bis ans Ende, wir gehen stumm nebeneinander her, eine Treppe hinauf, und plötzlich bin ich in einer anderen Welt. Der brandende Arbeitslärm wird von schalldichten Wänden geschluckt. Ein farbiger, freundlicher Raum, ein Konferenzsaal. »Nehmen Sie Platz.«

Mir gegenüber sitzt der ›Hallengott‹, der Leiter der gesamten Halle, in der 10 000 Arbeiter beschäftigt sind. Der rüstige Mittvierziger wurde mehrere Jahre in den USA auf Manager trainiert. An beiden Seiten des Konferenztisches haben noch einige würdig dreinschauende Herren Platz genommen. Das halbe ›Refa-System‹ ist hier aufgefahren, der ›A-Mann‹ und der ›B-Mann‹, wie ich später vom ›C-Mann‹ erfahre, der nicht daran teilgenommen hat. (Außerdem ist noch der Chef vom ›A-Mann‹ da, das muß dann wohl der ›I-A-Mann‹ sein, falls diese Bezeichnung existieren sollte.)

Die Namen all dieser Spitzenleute kennt kein Arbeiter. In meiner lackbespritzten Arbeitsschürze komme ich mir etwas schmutzig und armselig vor gegenüber den blütenweißen Hemden.

»Lassen wir es kurz und schmerzlos über die Bühne gehen«, sagt mein Gegenüber, der ›Hallengott‹. Die blütenweißen Hemden nicken.

Mein Artikel paßt dem Werkleiter überhaupt nicht. Er findet ihn »zumindest gewaltig übertrieben«. Die Arbeiter am Band waren anderer Ansicht. Sie sagten zu mir: »Sei erst mal ein Jahr hier, dann schreibst du ganz andere Dinger.«

Der Werkleiter beginnt seinen Monolog mit einem Zugeständnis: »Ich gebe zu, der bestbezahlte deutsche Automobilarbeiter bekommt noch viel zu wenig im Verhältnis zu seiner Leistung.« Das sagt er »rein als Privatmann«, überhaupt will er sich mit mir »nur ein wenig privat unterhalten«. Sein Ton wird, als er das sagt, entschieden schärfer.

»Das Wertvollste, was wir bei G. haben, ist immer noch der Mensch. Seine Würde achten wir über alles, und Sie schreiben solche Artikel«, fährt er mich heftig an. »Das G-Modell hat noch nicht mal sein vorgeplantes Soll in den Produktionszahlen erreicht, und in Kürze läuft schon das übernächste Modell übers Band.« Ich versuche einzuwerfen, daß man das »Soll« eben zu hoch gesteckt hat. Er unterbricht mich und weiß einen besseren Grund: »Wenn ich sehe, wie alle ihren Arbeitsplatz verlassen, sobald der Getränkewagen vorfährt. Sehr blamabel, muß ich schon sagen!«

Seine ›USA-Eindrücke‹ stellt er als Vorbild dagegen.

»Dort steht und fällt die ganze Linie mit jedem einzelnen Mann ...«

Plötzlich wird seine Stimme sehr laut: »Was Sie schreiben, ist diffamierende Lüge. Sie ziehen unser Firmen-Image in den

Dreck. Ich werde Sie eigenhändig die Treppe runterschmeißen, als Privatmann, versteht sich.«

Diese Drohung stößt er noch ein paar Mal aus. Ich überlege, ob ich gehen soll. Aber ich bleibe. Sein Geschrei bestätigt mir, daß ich mit der Reportage wunde Stellen getroffen habe.

Eine besondere Überraschung zum Schluß kommt noch. Der Leiter vom Werkschutz erscheint, trägt sehr sachlich etwas über »Verstoß gegen die Arbeitsordnung« und »Hausfriedensbruch« vor. Vorausgegangen war, daß ich vor der Schicht am Werktor fotografiert hatte. Das verstößt gegen die Arbeitsordnung. Darum rücke ich den Film auch freiwillig heraus. Dann kann ich gehen.

Wie ideal alles vom grünen Tisch her aussieht und wie anders die Wirklichkeit ist, wird mir noch klar.

Als der ›Hallengott‹ über die Menschenwürde spricht, erwähnt er unter anderem die ›Hitzeerleichterung‹, die es bei G. gibt.

Ich berichte nachher den Arbeitern davon. Die lachen mich aus. »Ja, zuletzt vor zwei Jahren haben wir mal davon ›profitiert‹. Das Band stand für zehn Minuten still. Nachher lief es aber um so schneller. Hauptsache, die Stückzahl der produzierten Wagen stimmt. Hitzepausen, die so praktiziert werden, sind Mumpitz und reine Theorie.«

Vorgesehen sind alle drei Stunden zehn Minuten Pause, wenn das Thermometer morgens um 9.00 Uhr 25 Grad im Schatten zeigt. Das zuständige Thermometer hängt am Haupttor neben dem Direktionsgebäude, wo ständig ein frischer Wind vom Rhein her weht. Da sind 25 Grad auch bei der mörderischsten Hitze morgens nicht drin. Ich habe jetzt während der heißen Tage die Temperatur in unserem Hallenabschnitt gemessen. Wir arbeiten zwischen zwei Lacköfen und schmelzen bei der Hitze nur so hin. Kein Wunder bei der Temperatur: 38 Grad um die Mittagsstunden.

Hier dringt kein frischer Wind vom Rhein her rein.

So ist es mit allen Mißständen im Werk. Wenn es nach dem

Werkleiter ginge, gibt es sie einfach nicht, weil es sie nicht geben darf. Und wenn es sie dennoch gibt, darf auf keinen Fall darüber geschrieben werden.

## Günther Weisenborn: Die Aussage

Als ich abends gegen zehn Uhr um mein Leben klopfte, lag ich auf der Pritsche und schlug mit dem Bleistiftende unter der Wolldecke an die Mauer. Jeden Augenblick flammte das Licht in der Zelle auf, und der Posten blickte durch das Guckloch. Dann lag ich still.

Ich begann als Eröffnung mit gleichmäßigen Takten. Er erwiderte genauso. Die Töne waren fein und leise wie sehr entfernt. Ich klopfte einmal – a, zweimal – b, dreimal – c.

Er klopfte unregelmäßig zurück. Er verstand nicht.

Ich wiederholte, er verstand nicht.

Ich wiederholte hundertmal, er verstand nicht. Ich wischte mir den Schweiß ab, um meine Verzweiflung zu bezwingen. Er klopfte Zeichen, die ich nicht verstand, ich klopfte Zeichen, die er nicht verstand.

Ratlosigkeit.

Er betonte einige Töne, denen leisere folgten. Ob es Morse war? Ich kannte nicht Morse. Das Alphabet hat 26 Buchstaben. Ich klopfte für jeden Buchstaben die Zahl, die er im Alphabet einnahm: für h achtmal, für p sechzehnmal.

Es tickten andere Takte herüber, die ich nicht begriff. Es schlug zwei Uhr. Wir mußten uns unbedingt verständigen. Ich klopfte:

$$. = a, \,. \,. = b, \,. \,. \,. = c$$

Ganz leise und fern die Antwort:

$$- \,. \,- \,. \,- \,. \,. \,.$$

Keine Verständigung. In der nächsten Nacht jedoch kam es plötzlich herüber, ganz leise und sicher:

$$. \,. \,. \,. . \,. \,. \,.$$

Dann die entscheidenden Zeichen: zweiundzwanzig gleiche

Klopftöne. Ich zählte mit, das mußte der Buchstabe V sein. Dann fünf Töne. Es folgte ein R, das ich mit atemlos kalter Präzision auszählte. Danach ein S, ein T, ein E, ein H, ein E.

                    ... verstehe ...

Ich lag starr und glücklich unter der Wolldecke. Wir hatten Kontakt von Hirn zu Hirn, nicht durch den Mund, sondern durch die Hand.

Unser Verstand hatte die schwere Zellenmauer des Gestapokellers überwunden. Ich war naß vor Schweiß, überwältigt vom Kontakt. Der erste Mensch hatte sich gemeldet. Ich klopfte nichts als:

                    ... gut ...

Es war entsetzlich kalt, ich ging den Tag etwa 20 Kilometer in der Zelle auf und ab, machte im Monat 600, in neun Monaten 5400 Kilometer, von Paris bis Moskau etwa, wartende Kilometer, fröstelnd, auf mein Schicksal wartend, das der Tod sein mußte. Ich wußte es, und der Kommissar hatte gesagt, daß bei mir »der Kopf nicht dran« bleiben würde.

Die zweite Aussage lag eben vor, daran war nichts zu ändern. Es war nur eine Hoffnung, wenn K. diese Aussage zurücknehmen würde. In der Nacht klopfte ich ihn an:

»Du ... mußt ... deine ... Aussage ... zurücknehmen ...«

Er klopfte zurück:

»Warum?«

Ich: »Ist ... zweite ... Aussage ... gegen ... mich ... bedeutet ... Todesurteil ...«

Er: »Wußte ... ich ... nicht ...«

Ich: »Wir ... sind ... nicht ... hier ... um ... Wahrheit ... zu ... sagen ...«

Er: »Nehme ... zurück ...«

Ich: »Danke ...«

Er: »Morgen ...«

Ich: »Was ... brauchst ... du ...?«

Er: »Bleistift ...«

Ich: »Morgen ... Spaziergang ...«

Es wurde plötzlich hell. Das Auge der SS blickte herein. Ich lag still unter der Decke. Es wurde wieder dunkel. Ich hatte

Tränen in den Augen. »Nehme zurück.« Das werde ich nie vergessen. Es kam ganz fein und leise taktiert durch die Wand. Eine Reihe von kaum wahrnehmbaren Tönen, und es bedeutete, daß für mich die Rettung unterwegs war. Sie bestand diese Nacht nur im Gehirn eines Todeskandidaten, drüben in Zelle acht, unsichtbar, winzig. Morgen würden es oben Worte werden, dann würde es ein unterschriebenes Protokoll im Büro sein, und eines Tages würde dies alles dem Gericht vorliegen.

»Dank in die Ewigkeit, K.!«

Ich brach von meinem Bleistift die lange Graphitspitze ab und trug sie während des Spaziergangs bei mir. Es gingen ständig sechs Mann, immer dieselben, die ich nicht kannte, im Kreis um den engen Gestapohof.

Zurückgekehrt standen wir auf unserem Flur zu drei Mann, weit voneinander entfernt, und warteten einige Sekunden, bis der Posten uns nachkam. Ich eilte heimlich auf Zelle acht zu, riß die Klappe auf, warf die Bleistiftspitze hinein, schloß die Klappe lautlos und stellte mich eilig an meinen Platz. Ich werde nie das erstaunte Aufblicken seiner sehr blauen Augen, sein bleiches Gesicht, die Hände, die gefesselt vor ihm auf dem Tisch lagen, vergessen. Der Posten kam um die Ecke. Das Herz schlug mir bis in den Hals. Wir wurden eingeschlossen.

Später klopfte es: »Danke ... habe ... Aussage ... zurückgenommen.«

Ich war gerettet.

Vielleicht.


### Günther Weisenborn: Ein gleichgültiger Mittwoch

Trockener Sommertag, der Himmel dunstig, perlmuttern schimmernd, also das Ruhrgebiet, jene von Städten bewachsene Kohlelandschaft, in der nicht Kathedralen wachsen, sondern Fördertürme. Die Terrasse des Kaffees war von Menschen besetzt, die an den Tischen saßen und mit der harten, westfälischen Sprache ihre Liebesdialoge führten, von Geschäften oder von ihrem Leben berichteten, jeder sich selbst erklärend, wie es der Brauch ist unter den Menschen. Draußen rollten die Autos, hielten, fuhren an, Straßenbahnen bogen lärmend um die Ecke. Es war eine große, lebendige Stadt, in der wir am Kaffeetisch saßen.

Ein kleiner alter Mann schob sich durch die Gänge, spitznasiges Beamtengesicht. Er legte unauffällig auf jeden Tisch ein Blatt Papier, auch auf den Tisch, an dem ich allein saß. Es war ein Flugblatt gegen die atomare Aufrüstung. Ich las es. Eindrucksvolle Feststellungen waren darin abgedruckt. Als ich wieder aufsah, hatte sich die Umwelt in meinen Augen verändert.

Die hochblonde Dame auf der lichterstrahlenden Kaffeeterrasse zeigte gerade mit einem Finger auf ein Stück Kuchen. Die Verkäuferin mit einem weißen Häubchen im Haar hob lächelnd den Kuchen mit der Zange. Da kam der Blitz: –

Die Häuserfronten sanken weich und pflanzenhaft in die Erde. Auf der belebten Kaffeeterrasse verdampften die noch lachenden Gäste an den fliegenden Tischen. Die Hand der hochblonden Dame verglühte. Vom Hotel drüben blieb nichts als ein siedender Sumpf. Die Autokolonnen schoben sich noch einige Meter als ein Kordon von sich aufbäumenden Glühwürmchen dahin, ehe sie elegant zusammenschnurrten und vertropften. Die Dächer erhoben sich seufzend, segelten durch die Luft und zerfielen in unzählige herabregnende Ziegel. Die Abwässerkanäle kochten über, die Kirchen neigten sich devot und knieten nieder. Der Funkturm faltete sich rasselnd zusammen, das Rathaus hüpfte in die Erde, und in wenigen Minuten hatte sich die hundert Meter hohe Metropole in ein katalaunisches Brachfeld verwandelt. Dann kam der kleine Orkan, ein Feuersturm mit einer Gewalt, die Ruinen, Parks und einige Kindergärten in Asche verwandelte. Man hörte noch ein Zwitschern wie von erschreckten Sperlingen, eh die Stimmchen verhauchten und die kleinen Leiber verkochten. Die U-Bahnschächte, die eingedrückt waren, füllten sich mit der Luft der Schreie und dem Gas des Sterbens. In den Kartoffelkellern wanden sich tausend gedunsene Hausfrauen, eh sie verröchelten. Die Wassermassen der Großstadt sprengten die Rohrsysteme, überfluteten die Fundamente und verzichteten. Es gab keine Augen mehr, die den aufsteigenden Rauchpilz sehen konnten, sie waren geplatzt, oder wie winzig blaue oder goldbraune Ballons aus den Gesichtern gestiegen, verdorrt wie Rosinen weggeflogen. Die Millionenstadt hätte einen Güterzug mit geschmorten Augen füllen können. Zersprengte Gliedmaßen wirbelten hoch wie Schwärme ärgerlicher Vögel, die goldplattierte Ringe trugen. Wolken von Sperlingen wurden in der Luft ereilt und fielen träge wie ein Sonntagsregen. Geradezu freundlich wirkten die bläulichen Gasexplosionen, die hier und da aus dem Pflaster schossen. In eine geschützt stehende Telefonzelle hatten sich Passanten geflüchtet. Sie standen so dicht gedrängt wie Fische in der Dose und waren totgesotten worden, geschmorter Rosenkohl über den Hälsen, dort, wo sie ihr Leben lang Gesichter getragen hatten.

Eine Kolonne von Panzern schmolz fahrend wie heiß gewordene Schokolade, zog eine Weile noch Spuren und veraschte mit den entsetzt piependen Kriegsheroen darin. Die Generale schmorten, ebenso die Politiker, die ständig Stärke verlangt hatten. Hier war sie, die Stärke. Die letzten Atemzüge der Stadt zusammen hätten einen Sturmwind, einen Weltseufzer ergeben, so tausendfach platzten die Lungen.

Der Jüngste Tag war nie so vollendet von düsteren Dichterhirnen geträumt worden wie dieser gleichgültige Mittwoch, denn hier explodierten nach allem Haß der Menschen, ihn technisch fortsetzend, endlich die listig gedrillten Atome. Hier kam er endlich, der Krieg, der nur Besiegte kannte, Schuldige und Unschuldige, jene, die in ihrer Torheit den Krieg vorbereitet und jene, die mit ihrem Verstand der Bombe den Weg gebahnt hatten.

Unter dem Himmel stand ein Rauchpilz. Er war größer als die Stadt darunter. Er vergrößerte sich ständig. Er war nicht allein. Ein blühender Garten von Rauchpilzen erhob sich über ganz Europa, grau, rotgetigert, leichenweiß und schwankend.

Wirklich schöne Rauchpilze standen darin, gepflegt, üppig genährt und hochstielig, eine prachtvolle Ernte. Es waren aber auch ausgezeichnete Gärtner gewesen, die die reiche Ernte vorbereitet hatten.

## Theodor Weißenborn: Der Hund im Thyssen-Kanal

Es regnete. Die Stadt lag versunken in strähnendem Grau, schwere Wolkenballen lagerten bleiern über ihrem Häusermeer und verhüllten den Himmel. Der Wind hatte den Schleier aus Staub und Ruß, der wie eine Nebeldecke über den Dächern gehangen hatte, tief in die Straßen hinabgedrückt. Er stob über die Parkplätze, peitschte die Scheiben der Autos mit Tropfen und Staubkörnern und trieb das schmutzige Naß rillend und quirlend vor sich her über die dampfenden Asphaltbahnen der Fahrwege. Trotz dem Regen brodelte der Verkehr in den Straßen kaum weniger lebhaft als gewöhnlich. Aber die hastenden Menschen und die jagenden Maschinen vermochten nicht, dem Tag auch nur ein weniges von seiner Trostlosigkeit zu nehmen.

In der Halle einer Unterführung, nicht weit vom Stinnes-Platz, kauerte ein Hund. Er hockte zitternd an der Kante des Bürgersteigs neben dem Rinnstein und stempelte den Boden mit seinen nassen Pfoten. Er trieb sich schon seit zwei Wochen in der Nähe des Stinnes-Platzes herum und kauerte in der Halle seit den frühen Morgenstunden.

Am Tage der Eröffnung der Industrieschau war der Mensch, der es gut mit ihm meinte, mit ihm in die Stadt gekommen. Der Hund wußte nicht, daß es am ersten Tag jener großen Ausstellung gewesen war, aber er erinnerte sich an die bunten Tücher, die überall in der Luft geflattert hatten, an den großen Plätzen und in den mit Menschen und stählernen Tieren überfüllten Straßen, und er trug noch den unaufhörlich gellenden Lärm in den Ohren, der aus den hier und da an den Hauswänden hängenden Blechkästen gekommen war.

In der Nähe des Stinnes-Platzes hatten sie die Straße überqueren wollen. Da, plötzlich war eines der langgestreckten stählernen Tiere auf blitzschnellen runden Füßen herangeglitten, hatte ein wütendes Geheul ausgestoßen, mit den Zähnen geknirscht – und den Menschen, der es gut mit ihm meinte, angefallen und mit dem breiten, silberstarrenden Maul verschlungen.

Darauf hatte es wenige Augenblicke reglos verharrt und war dann zurückgeschlichen, als ob es seine Tat bereue. Aber aus seinen Fängen war Blut getropft, und der Mensch, der es gut mit ihm meinte, hatte zusammengekrümmt und friedlich am Boden gelegen, hatte nicht gerufen, hatte sich nicht bewegt und hatte nur immerzu den Koffer festgehalten. Gleichzeitig waren mit einemmal viele fremde Menschen zusammengelaufen, hatten den am Boden Liegenden beiseitegetragen, jemand hatte ihm den Koffer abgenommen und hatte den Hund, der das nicht zulassen wollte, mit einem Tritt verjagt.

Am nächsten Morgen war der vertraute Geruch des Menschen, der es gut mit ihm meinte, überdeckt von Ruß und Benzindünsten, und der Hund war allein in den überall lauernden Gefahren. Er kauerte nun verwahrlost und halbverhungert in der Unterführung, winselte und sah auf die Schuhe der Vorübergehenden.

Gegen Mittag ließ der Regen nach, und er trottete hinaus ins Freie. Er lief durch Eppendorf, über die Wedauer Straße und kam in das Industrieviertel der Stadt. Er wurde verwirrt durch die hohen Mauern, die schrillen Geräusche des ihn umtosenden Verkehrs, das Dröhnen der Maschinen, das in der Luft lag, aber er lief beharrlich weiter.

Bei Hansen & Co. wußte er ein hohes Gebäude, aus dem jeden Tag um die Mittagszeit viele kleine Menschen mit Mappen auf dem Rücken kamen. Sie streichelten ihn manchmal und fütterten ihn mit Brot.

Er setzte sich an das eiserne Tor, spähte durch die Gitterstäbe und wartete, daß man komme und ihm etwas gebe. Der

Regen hatte sein Fell durchnäßt, die Haare klebten, seine Pfoten waren wund und schmutzig. Er hatte sich sehr verändert. – Da läutete eine Glocke. Die kleinen Menschen liefen herbei – aber sie zischten, als sie ihn sahen, trampelten mit den Füßen auf den Boden, klatschten in die Hände, scheuchten ihn vor sich her. Sie wollten ihn nicht wiedererkennen.

Er zitterte und winselte in der nassen Kälte und versuchte zu bellen. Da traf ihn ein Stein. Eines der Kinder hatte ihn geworfen. Er trollte sich aufjaulend ein paar Schritte zurück, begann aber sogleich, sich winselnd und kriechend wieder zu nähern.

Da schien eine geheime Verschwörung unter den kleinen Menschen zu entstehen. In stillem Übereinkommen standen sie unbeweglich und beobachteten ihn aus neugierigen, erwartungsvoll lauernden Augen. Und dann bückten sie sich jäh und rafften Steine zusammen, so viele, wie jedes von ihnen in einer Hand fassen konnte. Da begriff er. Im selben Augenblick machte er kehrt und fing an zu laufen. Und auch die Meute hinter ihm setzte sich in Bewegung. Er lief und lief auf seinen wunden Pfoten, Steine prasselten um ihn herum auf das Pflaster, einige trafen ihn.

Auf einer Brücke am Thyssen-Kanal stand, an das Pflaster gelehnt, ein Mann mit einer flachen Mütze und einem blauen Arbeitsanzug. Der Hund hörte hinter sich das Johlen der Meute und lief in höchster Angst auf den Mann zu, um bei ihm Schutz zu suchen. Aber der Mann grinste und stieß das Tier, eben als es an ihm hochspringen wollte, mit einem schweren Fußtritt unter dem Geländer der Brücke hinweg. Der Hund jaulte schrill auf und stürzte hinab in das schmutzige, gärende Wasser. Er schwamm und suchte das Ufer zu erreichen. Er erreichte es auch. Aber das Ufer war mit einer steilen Betonmauer eingefaßt, an der seine haltsuchenden Pfoten wieder und wieder abglitten. Die Mauer war sehr lang. Da sank er zum erstenmal unter.

Er tauchte wieder auf, seine Bewegungen waren matt, einen Augenblick lang sah er die Brücke, dann sank er zum zweitenmal unter.

Nach seinem dritten Auftauchen trieb er ruhig an der Oberfläche des Wassers dahin. Seine verzweifelten Bewegungen hatten aufgehört, das Wasser um ihn herum hatte sich geglättet, und der Mann auf der Brücke grinste und zündete sich eine Zigarette an.

Der Strom nahm das Wasser des Kanals auf und trieb den Hund als ein winziges Knäuel hinaus aus der Stadt, die noch immer unter dem Schleier von Staub und Ruß begraben lag. Er führte ihn hinweg von den rauchenden Schloten und trug ihn auf seiner glitzernden Oberfläche sicher und geborgen in das Land. In der Nähe von Meggenheim wurde sein Körper ans Ufer geschwemmt, wo er in einem Binsengebüsch hängenblieb. Dicht dabei lag der kleine Kai, auf dem man zu den Fährbooten gelangte. Das Kind des Kahnwächters spielte auf dem Bohlensteg, erblickte das Tier und sagte zu seinem Vater: »Da! Ein Hund!«

»Er wird aus der Stadt getrieben sein«, erwiderte der Kahnwächter gleichmütig.

»Armer Hund!« fügte das Kind hinzu. Aber der Hund hörte es nicht mehr. Mit toten, starr geöffneten Augen hing er in dem Binsengebüsch, und die Wellen wiegten ihn hin und her, zu derselben Zeit, als der Mann auf der Brücke des Thyssen-Kanals den fünften Zigarettenstummel ins Wasser warf und sich zum Gehen wandte.

*Gerhard Zwerenz:*
*Auch ein Gebet wollte ich sprechen ...*

Unter der Kiefer liegend, betrachte ich den fremden Himmel. Es ist eine uralte, mächtige Kiefer. In derben, verwirrenden Windungen streckt der Baum die Äste von sich; krakenhaft umschlingen sie die blaßblaue Himmelskuppel, schlagen ihre Stachelarme hinein ins zarte Fleisch der Höhe, verwunden die jungen weißen Wölkchen, saugen Blut aus der Stille.

Am Nachmittag unterliegt der Baum. Wind zischt über die

Ebene. Die Birken am Fluß wehren sich unwillig. Ihre Blätter glitzern. Helligkeit treibt der Sturm vor sich her. Sie springt vom Himmel in die Birkenblätter. Sie springt zurück zu den ersten Wolkenknäueln. Für einen Augenblick scheint es, als beginne die Welt zu brennen. Die Helligkeit ist schmerzhaft. Ich laufe weg von meiner Kiefer. Im Gestrüpp am Flußufer finde ich Schutz vor der Helligkeit. In der Dunkelheit der Büsche liege ich, bis die Welt draußen sich verändert hat. Übergangslos heftet der Sturm Gewitter und Nacht aneinander. Die Dunkelheit ist brutal. Das Gesicht nach oben gekehrt, lasse ich mir den Mund vollregnen.

Die Tage sind heiß gewesen. Sie haben mich durstig gemacht. Durch den Fluß schwimme ich, die Hände griffbereit, Fische fangen möchte ich, mit meinen Händen die Fische packen.

Ein letzter Blitz zuckt durch die Nacht. Hart und grell beleuchtet er das andere Ufer. Weiß schielen mich die Gesichter der Menschen an. In die Dunkelheit hinein fallen Schüsse. Ich spüre noch immer Durst. Ich tauche und trinke. Dankbarkeit für den Fluß erfüllt mich. So kann einer weiterkommen. Zur Front schlage ich mich durch. Bin überrollt worden. Bin abgeschnitten. Nachts marschiere ich in westlicher Richtung. Die deutschen Armeen sind geschlagen. Ich weiß es. Ich weiß es, wie ich weiß, daß ich mich nicht gefangengeben will. Nur nachts marschiere ich. Die Tage verkrieche ich mich in den Wäldern. Auf den Feldern finde ich Kartoffeln und Rüben. Auf einem Feld finde ich ein Gewehr. Mit aufgepflanztem Bajonett liegt es am Feldrand. Ich halte es vor mich. So laufe ich in westlicher Richtung der davoneilenden Front hinterdrein. Breche, wütend vor Hunger, ins Dorf. Brot!

Drohend drücke ich das Bajonett auf den Bauch des alten Mannes. Ich bekomme Brot, greife zu, laufe davon. Zwei Schüsse fallen. Zum Wald hetze ich, brotkauend, mein Gewehr schwenkend. Je mehr ich mich der Front nähere, desto belebter wird das Land. Russische und polnische Truppen wimmeln durcheinander, meine Uniform wird mir gefährlich.

Zwei Tage verbring ich an einem See. Es gelingt mir nicht, den badenden Soldaten eine Uniform zu stehlen.

Im Unterholz such ich nach Beeren. Ich höre Schritte. Ein russischer Soldat nähert sich. Vielleicht hatte er mich bemerkt und sucht nach mir.

Keine zehn Schritte entfernt, unter einer ausladenden Eiche, zieht der Soldat seine Litewka über den Kopf, breitet sie sorgfältig am Boden aus und setzt sich still, den Rücken zu mir, nieder.

Ich sehe seine Nackenmuskeln spielen. Der Mann kaut. Irgend etwas in mir ist dafür, ihm eine Chance zu geben. Aber wenn ich ihn anriefe, wendete er sich um, und ich müßte schießen. Er könnte schreien. Es müßte lautlos zugehen. Er hört noch etwas, zieht die Schultern hoch und will sich umwenden, ich stolpere auf dem letzten Stück und renne ihm im Fallen das Bajonett in den Rücken; knirschend bohrt es sich in die linke Seite und zerschneidet durch die Rippen das Herz.

Du glaubst nicht, wie lautlos es zugehen kann, wenn Menschen einander töten. Er sagt nur laut und erstaunt: Warum ... – und wie ich seine Litewka untersuche, find ich das deutsche Soldbuch, die Erkennungsmarke und eine Brieftasche mit Bildern. Auf den Bildern erkenne ich den Toten. Er steht, mit Frau und Kindern – zwei Töchtern – vor einer Laube, den Hut schwenkend. Auf einem andern Bild sitzt er am Steuer eines DKW, lacht mit blitzenden Zähnen.

Ich ziehe ihm Hosen und Stiefel aus. Das blutige Hemd wasche ich am See.

So als eingekleideter Russe wage ich mich nun offener hervor.

Dabei ist es mir unangenehm, daß ich einen Deutschen umgebracht habe. Andererseits konnte ich es ihm nicht ansehen, er hatte einem Russen geglichen. Nun gleiche ich einem Russen.

Das ganze war ein Unglücksfall. In ruhigen Zeiten kannst du lange darüber philosophieren; wenn es erst um deinen eigenen Kopf geht, wehrst du dich deiner Haut, und die ange-

spannten Dinge wie Schuld und Unrecht machen dich nur
wehrlos. Die Frage ist nur, ob ich den Vorfall melde, wenn
ich zurückkomme zur Truppe. Aber es ist wohl nicht gut für
die Familie, wenn sie hört, er wurde von den eigenen Leuten
umgebracht. Ich werde nichts sagen, oder ich werde bloß mel-
den, daß ich ihn hab liegen sehen; er war tot. Nach dem
Krieg werden sie seinen Namen daheim ins Kriegerdenkmal
stemmen, und alljährlich zum Heldengedenktag werden die
Angehörigen Kränze und Blumen an das Denkmal legen. Ich
werde nicht sagen, wie er gestorben ist.

Übrigens habe ich ihn mit meinen eigenen Sachen bekleidet
und ihm im Gebüsch ein notdürftiges Loch gegraben, damit
wenigstens nicht die Ratten an ihm fräßen. Auch ein Gebet
wollte ich sprechen. Doch fiel mir keins ein.

Zu den folgenden Sequenz-Vorschlägen sei auf die literaturtheore-
tischen und didaktischen Erläuterungen im Vorwort zu *Deutsche
Kurzgeschichten, 11.–13. Schuljahr* (UB Nr. 9508) hingewiesen.

# III. Sequenz-Vorschläge

## I. Erzählperspektiven

Im Hinblick auf eine kritische Auseinandersetzung mit dem Text ist es für den Leser wichtig, den Standpunkt des Erzählers, die jeweilige Erzählperspektive, zu erkennen und alle Textaussagen auf sie zu beziehen.

1. Wie ist die Stellung des Erzählers zu seinem Gegenstand, seine Sicht und Darstellung des Geschehens zu beschreiben?
2. Von welchem Ort aus beobachtet der Erzähler eigentlich den allgemeinen Untergang (Weisenborn: *Ein gleichgültiger Mittwoch*)? Ist er selbst nicht betroffen, das Geschehen gegenwärtig oder zukünftig, real oder visionär?
3. Wie stark wird der Leser in das Geschehen der Er-Erzählung (Aichinger: *Die geöffnete Order*), der Ich-Erzählung (Zwerenz: *Auch ein Gebet wollte ich sprechen...*) oder in den Bewußtseinsstrom des ›inneren Monologs‹ (Eisenreich: *Am Ziel*) hineingezogen? An welchen Stellen findet ein Wechsel der Perspektive statt? Aus welchem Grunde?

## II. Moderne Arbeitswelt

1. Besitz- und Gewinnstreben (Böll: *Anekdote zur Senkung der Arbeitsmoral*) und beruflicher Ehrgeiz (Eisenreich: *Am Ziel*) sind Kennzeichen einer modernen Wohlstands- und Leistungsgesellschaft. In welchen Punkten kann man die in beiden Texten zum Ausdruck kommende Kritik teilen? Sind auch Gegenargumente denkbar?
2. Worin zeigen sich Mißstände und Unmenschlichkeit der beschriebenen Fließbandarbeit (Wallraff: *Am Band*)? Wie soll man das Verhalten der Betriebsleitung beurteilen?
3. Handelt es sich wirklich um einen ›Unfall‹ auf der Baustelle (Brambach: *Besuch bei Franz*)? Welche Bedeutung hat die Mentalität der Gastarbeiter für ihr Leben in einer fremden Gesellschaft?

III. Zwang, Gewalt, Terror

Kusenberg: *Ein verächtlicher Blick*
Meckel: *Mein König*
Lenz: *Ein Freund der Regierung*
Dürrenmatt: *A's Sturz*
Jaeger: *Die Henker*

IV. Gegeneinander – miteinander

Zwerenz: *Auch ein Gebet wollte ich sprechen ...*
Weisenborn: *Die Aussage*
Bender: *Felix*
Brambach: *Besuch bei Franz*
Jaeger: *Die Henker*

# IV. Autoren- und Quellenverzeichnis

Ilse Aichinger
Geb. 1. 11. 1921 in Wien. Während des Krieges dienstverpflichtet. Nach 1945 Stud. Medizin. Lektorin und Mitarbeiterin an der Ulmer »Hochschule für Gestaltung«. 1953 Heirat des Schriftstellers Günther Eich. Mitglied der »Gruppe 47« und des PEN-Clubs. Lebt als freie Schriftstellerin in Bayerisch Gmain. – Erzählungen, Hörspiele, Skizzen. Erzählweise in der Nachfolge Kafkas. Verfremdung durch Vermischung mehrerer Wirklichkeitsebenen. Darstellung der Brüchigkeit modernen Lebens. – *Die geöffnete Order.* Aus: I. A., Der Gefesselte. Erzählungen. Frankfurt a. M.: Fischer 1963. S. 18–24.

Hans Bender
Geb. 1. 7. 1919 in Mühlhausen (Kraichgau). Stud. Literatur und Kunstgeschichte. 5 Jahre Soldat, bis 1949 russische Gefangenschaft. Redakteur, Zeitschriftenherausgeber. Lebt als freier Schriftsteller in Köln. – Lyrik, Erzählungen. Schlichte realistische Erzählweise. Themen: Krieg, Gefangenschaft, Nachkriegszeit, Schwierigkeiten des Alltagslebens. – *Felix.* Aus: H. B., Die halbe Sonne. Geschichten und Reisebilder. Baden-Baden: Signal-Verlag Hans Frevert o. J. (Signal-Bücherei 12). S. 52–57.

Heinrich Böll
Geb. 21. 12. 1917 in Köln. Abitur, Buchhändlerlehre, Stud. Altphilologie. 1938–45 Arbeitsdienst, Soldat, amerikanische Gefangenschaft. Schreiner und Behördenangestellter in Köln. Seit 1947 ›Heimkehrer- und Trümmerliteratur‹, Romane, Hörspiele, Erzählungen. Starkes moralisches Engagement, christlich-humanistisch orientiert, ironisch-satirisch. 1972 PEN-Präsident und Nobelpreisträger. – *Anekdote zur Senkung der Arbeitsmoral.* Aus: H. B., Aufsätze, Kritiken, Reden. Köln u. Berlin: Kiepenheuer & Witsch 1967. S. 464 bis 466.

Rainer Brambach

Geb. 22. 1. 1917 in Basel. Torfstecher, Gärtner, u. a. Seit 1959 freier Schriftsteller in Basel. Vor allem Lyriker; Beobachter kleiner, banaler Alltäglichkeiten, Skizzierung mit wenigen Worten. – *Besuch bei Franz*. Aus: R. B., Für sechs Tassen Kaffee. Zürich: Diogenes 1972. S. 49 f.


Friedrich Dürrenmatt

Geb. 5. 1. 1921 in Konolfingen bei Bern. Stud. Theologie, Philosophie, Germanistik. Lebt als freier Schriftsteller in Neuchâtel. – Romane, Hörspiele, Kriminalgeschichten. Ironie, Parodie, Tragikomik und Groteske. Gegen selbstgefälliges und inhumanes Verhalten des Bürgertums. – *A's Sturz*. Aus: F. D., Der Sturz. Zürich: Die Arche, Peter Schifferli, 1971. S. 106–119.


Herbert Eisenreich

Geb. 7. 2. 1925 in Linz (Österr.). 1943–45 Soldat, Verwundung, Gefangenschaft. 1946 Abitur, Stud. Germanistik. Seit 1952 freier Schriftsteller in Hamburg, Stuttgart, Wien. – Erzählungen, Hörspiele, Essays, von scharfem Intellekt bestimmt. Sezierende, psychologisch vertiefte Gesellschaftskritik. – *Am Ziel*. Aus: H. E., Böse schöne Welt. Erzählungen. Stuttgart: Scherz u. Goverts 1957. S. 99–105.


Henry Jaeger

Geb. 1927 in Frankfurt a. M. Bewegte Jugend, Kriegs- und Nachkriegszeit. Gescheiterter Versuch eines Medizinstudiums. Wegen Raubüberfällen und anderer Straftaten zu 12 Jahren Zuchthaus verurteilt, nach 8 Jahren freigelassen. Während der Haft Schreibbeginn. Lebt heute als freier Schriftsteller in Hamburg. – Prosatexte, Romane. – *Die Henker*. Aus: Hans Dollinger (Hrsg.), Außerdem. Deutsche Literatur minus Gruppe 47 = wieviel? München, Bern u. Wien: Scherz 1967. S. 443–446.

Kurt Kusenberg

Geb. 24. 6. 1904 in Göteborg, aufgewachsen in Lissabon, Wiesbaden und Bühl. Stud. Kunstgeschichte. Kunstkritiker, Redakteur. 1943–45 Soldat. Lebt als Schriftsteller, Herausgeber und Lektor in Hamburg. – In phantastischen, skurrilen, ironischen Geschichten groteske, surrealistische, absurde Verwandlung des Alltäglichen. – *Ein verächtlicher Blick.* Aus: K. K., Gesammelte Erzählungen. Reinbek: Rowohlt 1969. S. 453–457.

Siegfried Lenz

Geb. 17. 3. 1926 in Lyck (Ostpreußen). Erlebniswelt masurischer Arbeiter, Handwerker, Fischer. 1945 zur Ostseemarine einberufen. Stud. Philosophie, Anglistik, Literatur. Feuilletonredakteur und Rundfunkmitarbeiter. Lebt als freier Schriftsteller in Hamburg. – Erzählungen, Dramen, Hörspiele. Themen: Einsamkeit, Schuld, Gerechtigkeit, notwendiger Protest. – *Ein Freund der Regierung.* Aus: Das Feuerschiff. 10 Erzählungen. Hamburg: Hoffmann u. Campe 1960. S. 155–163.

Christoph Meckel

Geb. 12. 6. 1935 in Berlin, aufgewachsen in Freiburg. Stud. Graphik und Malerei, Aufenthalte in Frankreich und Korsika. Lebt heute als freier Schriftsteller und Graphiker in Berlin und Oetlingen bei Basel. – Lyrik, Erzählungen, Hörspiele. Expressionistische, surrealistische, ›märchenhafte‹ Geschichten voller phantastischer Einfälle. – *Mein König.* Aus: Der glückliche Magier. Baden-Baden: Signal-Verlag Hans Frevert 1967 (Signal-Bücherei Bd. 7). S. 99–104.

Josef Reding

Geb. 20. 3. 1929 in Castrop-Rauxel. Soldat, Werkstudent, Stud. Germanistik, Psychologie, Publizistik. Studienaufenthalt in den USA, lebte in den Südstaaten mit Farbigen zusammen, Teilnahme an Rassenauseinandersetzungen. Arbeitsaufenthalte im Durchgangslager Friedland, in Lepra-

Vierteln und Hungerzentren Asiens, Afrikas, Südamerikas. Heute freier Schriftsteller in Dortmund. – An amerikanischen Vorbildern geschulte und am eigenen Erleben orientierte Erzählungen, Hörspiele, Jugendbücher. – *Fenzens Platzwechsel.* Aus: Ein Scharfmacher kommt. Kurzgeschichten. Recklinghausen: Paulus 1967. S. 102–105.

Günter Wallraff
Geb. 1942 in Köln. Gymnasium, Buchhändlerlehre, Kriegsdienstverweigerer. Fließband-, Akkord-, Werft- und Hüttenarbeiter. Industriereportagen; Durchbrechung von Informationssperren der Großbetriebe durch ›Amtsanmaßung‹, deshalb vor Gericht gestellt. – Statt ›Literatenliteratur‹ soll Dokumentarliteratur Probleme demokratiearmer Gesellschaftsbereiche aufgreifen, bewußtmachen, verändern helfen. – *Am Band.* Aus: Aus der Welt der Arbeit. Almanach der Gruppe 61. Neuwied: Luchterhand 1966. S. 237–246.

Günther Weisenborn
Geb. 10. 7. 1902 in Velbert (Rheinland). Stud. Medizin und Germanistik. Farmer in Argentinien, Reporter in New York. 1937 Rückkehr nach Berlin, Widerstand gegen den Nationalsozialismus, 1942–45 Zuchthaus. 1956–61 China-Reise. Gest. 26. 3. 1969 in Berlin. – Dramen, Erzählungen, Romane sozialkritischer und zeitgeschichtlicher Thematik (Krieg, Widerstandsbewegung, kapitalistisches Gesellschaftssystem), Zusammenarbeit mit Brecht, Nähe zum Sozialismus. – *Die Aussage.* Aus: G. W., Memorial. München: Desch 1947. S. 35–42. – *Ein gleichgültiger Mittwoch.* Aus: Hans Dollinger (Hrsg.), Außerdem. Deutsche Literatur minus Gruppe 47 = wieviel? München, Bern u. Wien: Scherz 1967. S. 94 f.

Theodor Weißenborn
Geb. 22. 7. 1933 in Düsseldorf. Stud. Kunsterziehung, Philosophie, Germanistik, Romanistik, med. Psychologie. Heute freier Schriftsteller auf Hof Raskop (Eifel). – Romane, Erzählungen, Parodien, Hörspiele. Formale Flexibilität, Nei-

gung zur Groteske. – *Der Hund im Thyssen-Kanal*. Aus: Th. W., Das Liebe-Haß-Spiel. Tübingen: Erdmann 1973. S. 41–44.

Gerhard Zwerenz
Geb. 3. 6. 1925 in Gablenz (Sachsen). Kupferschmiedlehre, 1943 Soldat, 1948 Entlassung aus russischer Gefangenschaft. Volkspolizist in Zwickau. Stud. Philosophie in Leipzig. 1957 Flucht in die Bundesrepublik. Heute freier Schriftsteller in München. – Romane, Satiren, Erzählungen, essayistische Prosa, stark polemisch. – *Auch ein Gebet wollte ich sprechen* ... Aus: G. Z., Heldengedenktag. Dreizehn Versuche in Prosa, eine ehrerbietige Haltung einzunehmen. Bern und München: Scherz 1964. S. 101–104.

# V. Literaturhinweise

Bachmann, Fritz (Hrsg.): Interpretationen zu Erzählungen der Gegenwart. Frankfurt a. M. ⁴1968.

Baumgärtner, Alfred Clemens u. Malte Dahrendorf (Hrsg.): Wozu Literatur in der Schule? Beiträge zum literarischen Unterricht. Braunschweig 1970. (Westermann Taschenbücher 76.)

Bender, Hans: Ortsbestimmung der Kurzgeschichte. In: Akzente 3 (1962) S. 205–225.

Conrady, Karl Otto: Einführung in die Neuere deutsche Literaturwissenschaft. Reinbek ³1967. (rde 225/253.)

Der Deutschunterricht 9 (1957) H. 1 und 10 (1958) H. 6.

Doderer, Klaus: Die Kurzgeschichte in Deutschland. Neudruck, Darmstadt 1969.

Friedrichs, Reiner: Unterrichtsmodelle moderner Kurzgeschichten in der Sekundarstufe I. München 1973.

Heimann, Bodo: Experimentelle Prosa. In: Die deutsche Literatur der Gegenwart. Aspekte und Tendenzen. Hrsg. von M. Durzak. Stuttgart 1971. S. 230–256.

Helmers, Hermann (Hrsg.): Moderne Dichtung im Unterricht. Braunschweig 1967.

Höllerer, Walter: Die kurze Form der Prosa. In: Akzente 3 (1962) S. 226–245.

Kilchenmann, Ruth J.: Die Kurzgeschichte. Formen und Entwicklung. Stuttgart ²1968.

Klein, Johannes: Kurzgeschichte. In: Paul Merker / Wolfgang Stammler (Hrsg.), Reallexikon der deutschen Literaturgeschichte. Berlin ²1958. Sp. 912–915.

Nayhauss, Hans-Christoph Graf von (Hrsg.): Theorie der Kurzgeschichte. Stuttgart 1977. (Arbeitstexte für den Unterricht. Reclams UB Nr. 9538.

Rohner, Ludwig: Theorie der Kurzgeschichte. Frankfurt a. M. 1972. (Fischer Athenäum Taschenbücher 2019.)

Schulz, Bernhard: Die moderne Kurzgeschichte. In: Taschenbuch des Deutschunterrichts. Hrsg. von E. Wolfrum. Esslingen 1972. S. 296–311.

Skorna, Hans-Jürgen: Die Kurzgeschichte der Nachkriegszeit im Unterricht. Ratingen 1967.

Thiemermann, Franz-Josef: Kurzgeschichten im Deutschunterricht. Bochum ⁸1971. (Kamps pädagogische Taschenbücher 32.)

Wiese, Benno von: Novelle. Stuttgart 1964.

Zimmermann, Werner: Deutsche Prosadichtungen unseres Jahrhunderts. Interpretationen für Lehrende und Lernende. I–III. Düsseldorf, v. sch. J.